# Manfred Gebhard

# Die Endzeit der
# Zeugen Jehovas

Berlin 2002

AF191860

eMail: MGZJK@aol.com
Internet: http://www.manfred-gebhard.de/index.htm

Postfach 540138, 1042 Berlin

Das Bild auf dem Buchumschlag zeigt eine Teilansicht der Zeugen Jehovas-Zentrale im New Yorker Stadtteil Brooklyn.
Jahrelang predigten die Zeugen Jehovas, die Generation von 1914 würde nicht vergehen, wie man beispielsweise auch auf der Rückseite sehen kann.

Herstellung: Books on Demand GmbH

ISBN 3-8311-4761-2

# Zum Geleit:

Neben meinem seit Dezember 1999 vorliegendem Buch "Geschichte der Zeugen Jehovas. Mit Schwerpunkt der deutschen Geschichte" Book on Demand ISBN 3-89811-217-9 betreibt der Verfasser, gleichfalls unter dem Titel "Geschichte der Zeugen Jehovas" eine eigene Webseite im Internet. Aus ihr einige ausgewählte Beiträge, dem Thema Endzeitlehren zuzuordnen, welche die Kernsubstanz der Zeugen Jehovas darstellen.

Bezüglich der auch wichtigen Themen, dass Schicksal der Zeugen Jehovas in Hitlerdeutschland und der DDR, vergleiche man oben genanntes Buch, worin darüber näheres ausgeführt wird.

Es soll hier und heute im wesentlichen nur um die Endzeitlehren gehen.

Redaktionsschluss: Oktober 2002

Schon der Gründer der Bibelforscher, so nannten sich die jetzigen Zeugen Jehovas, Charles T. Russell, war in besonderem Maße den Endzeitlehren zugetan. Sein Lehrgerüst entspricht aber nicht mehr dem heute aktuellen. So baute er beispielsweise das Jahr 1799 bewusst in sein System mit ein. Davon ist heute nicht mehr die Rede

## 1799

Wer Russell's "Schriftstudien" selbst einmal gelesen hat, was man ja nur sehr empfehlen kann, und was zwischenzeitlich auch erheblich leichter geworden ist. Die Zeiten, wo man diese Schriften nur in wissenschaftlichen Bibliotheken einsehen konnte, sind glücklicherweise vorbei. Wer dieses grundlegende Dokument "Schriftstudien" also selbst gelesen hat, dem wird eine Besonderheit nicht entgangen sein. In Russells Sicht begann die vermeintliche "Endzeit" schon 1799 und sie sollte bis 1874 währen. Da sollte also Christus schon wiedergekommen sein und o Wunder, wer nach 1878 als treuer Christ verstarb, dem wurde gar eine sofortige Auferstehung (im Himmel) prophezeit.

Warum aber ausgerechnet 1799? Nun wer mit der Geschichte vertraut ist, der kann wissen das zu jenem Zeitpunkt just die 1789 ausgebrochene Große Französische Revolution die Gemüter beschäftigte. In ihren weiteren Verlauf wurde durch Napoleon Bonaparte 1799 mittels eines Staatsstreiches die Macht übernommen. Spektakulär in jenem Jahre war auch besonders die Gefangennahme des Papstes, der sich in Widerspruch zur französischen Politik gesetzt hatte. Eine ganze Reihe von religiösen Schriftstellern haben diese Vorgänge mit in ihr System eingebaut. Nicht nur Russell. Zu nennen sind da beispielsweise die Schriftstellerin Ellen G. White mit ihrem voluminösen Buch "Der große Kampf zwischen Licht und Finsternis". Ellen G. White ist der Religionsgemeinschaft der Siebenten Tags Adventisten zuzuordnen. Ihr Buch gilt dort nach wie vor als Standardwerk und wird immer wieder neu aufgelegt.

Auch zu DDR-Zeiten konnten die dortigen Siebenten-Tags-Adventisten eine Auflage dieses Buches (und anderer) herausbringen. Diese DDR-Ausgabe hatte allerdings einen entscheidenden Makel.

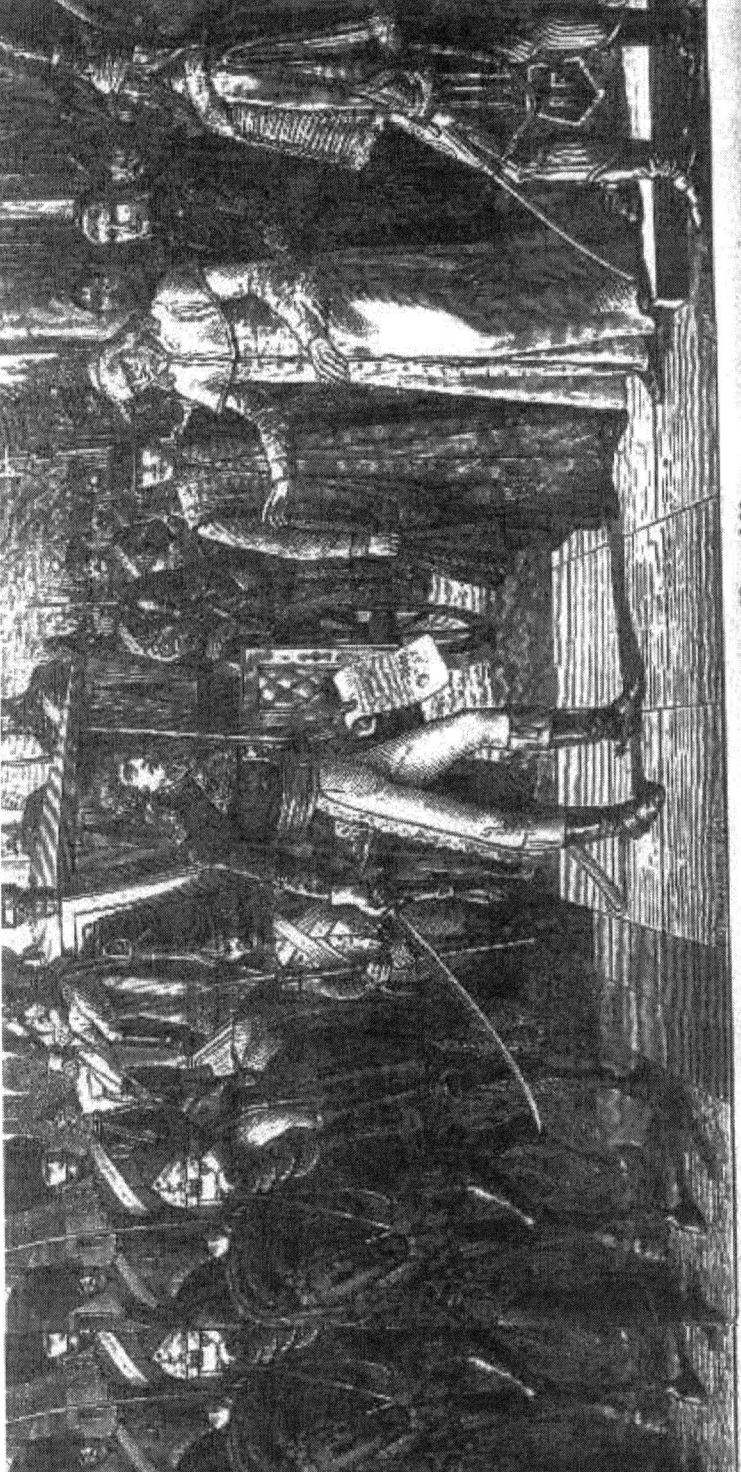

Gefangennahme Pius VI.

Die Passagen bezüglich der Großen Französischen Revolution, sind dort der DDR-Zensur zum Opfer gefallen. Man kann dies jederzeit erkennen, wenn man jene Ausgabe mit anderen (reichlich vorhandenen) Auflagen jenes Buches vergleicht.

Dem DDR-Staat passte es nicht, dass jenes weltgeschichtliche Ereignis, durch die religiöse Brille deformiert, in diesem Buch dargestellt wird. Nun kann ich diese DDR-Vorbehalte sogar (ausnahmsweise) nachvollziehen. Diese Prokrustesbettdarstellung der Französischen Revolution bei Ellen G. White, findet auch nicht meine Sympathie.

Dennoch, dieses Buch von Frau White erschien schon zu einem Zeitpunkt, wo an eine "DDR" überhaupt noch nicht zu denken war. Dieser Zensureingriff ist daher mehr als bedenklich. Man hätte die Vorbehalte gegen diese religiöse Darstellung auch in der Form eines beigefügten Kommentars ansprechen können, hat dieses aber nicht getan.

Kehren wir zu 1799 zurück. Sowohl für Russell als auch für die Adventisten, war die Große Französische Revolution ein "Meilenstein", den sie entsprechend in ihre Systeme einfügten. Die heutigen können vielfach damit nicht sonderliches mehr anfangen. Dieses schulden sie dann allerdings dem Versäumnis, sich nicht genügend in die entsprechenden Gedankengänge hineinzuversetzen. Aus religiöser Sicht hatte die Große Französische Revolution auch ein sensationelles Ergebnis mit gezeitigt. Und zwar, das der Papst der katholischen Kirche gezwungen wurde, den Vatikan zu verlassen.

Auch in anderen Veröffentlichungen der Siebenten-Tags-Adventisten ist dies diverse male thematisiert worden. Eine sei hier noch besonders genannt. Und zwar das 1889 in Basel erschienene Buch von A. H. Waggoner "Vom Paradies zum Paradies. Ein biblischer und prophetischer Versuch". In einer Bildbeilage (S. 125) wird darin auch der Vertreibung des Papstes aus dem Vatikan gedacht. Das macht deutlich, weshalb genannte Kreise, von diesem Ereignis so überaus tief beeindruckt waren.

## Wissen Sie?

Im Jahre 1910 begann der Verlag der Bibelforscher, die sich seit 1931 Zeugen Jehovas nennen, neu mit der Verbreitung einer Traktatserie genannt "Die Volkskanzel".

Aus den Ausgaben vom Januar 1910 (Nr. 1) und Oktober 1910 (Nr. 4) sei einmal etwas näher zitiert.

Die Januarausgabe macht gleich mit einer Fragestellung auf, die so sicherlich auch andere religiöse Kreise bewegt.

Mein Kommentar. Man will etwas "erzwingen" und glaubt es zu können. Andere in Form ihres Jenseitsglaubens, die Bibelforscher in Form ihrer handfesten materiell orientierten Endzeiterwartungen.

Die Überlegung, dass etwas mehr Bescheidenheit bei der angeschnittenen Frage gut getan hätte, wird grundsätzlich ignoriert. Man glaubt felsenfest: "Wir wissen es". Wußten sie es wirklich? Der Leser mag sich die Frage selbst beantworten. In der Januarausgabe liest man:

*"Wir fangen damit an, unsern glaubenslosen Freunden, die sich ihrer unbeschränkten Freiheit des Denkens rühmen, die Frage vorzulegen: Was sagt ihr 'Freidenker' auf unsere Frage: 'Wo sind die Toten?' Sie antworten: 'Wir wissen es nicht.' Wir möchten an ein zukünftiges Leben glauben, wir haben aber keinen Beweis dafür. Da uns dieser fehlt, so sind wir zu der Überzeugung gekommen, dass der Mensch stirbt wie das unvernünftige Tier. Wenn euch unsere Schlussfolgerung enttäuscht hinsichtlich eurer Erwartung und Aussichten von Freuden für die Heiligen, so sollte sie sicherlich für alle ein Trost sein, was die große Mehrheit unseres Menschengeschlechts betrifft, die ohne allen Zweifel viel besser daran wäre, so tot zu sein wie das unvernünftige Tier, als in Qualen aufbewahrt zu werden, wie man allgemein glaubt."*

*Wir danken unserm ungläubigen Freunde für die höfliche Antwort, haben aber das Gefühl, dass sie uns noch nicht befriedigt, weder unsern Verstand noch unsere Herzen; beide rufen aus, dass es ein zukünftiges Leben geben muss oder geben sollte, dass Gott den Menschen mit Kräften des Verstandes und des Herzens ausgerüstet hat, soviel höher als diejenigen des Tieres, so dass sein Vorrang in dem Göttlichen Plane erwartet werden sollte. Zudem würde die Kürze des gegenwärtigen Lebens, die Tränen, Sorgen, Erfahrungen und Lektionen, fast alle wertlos und unnütz sein, es sei denn, dass es ein zukünftiges Leben gibt - eine Gelegenheit, von diesen Lektionen Gebrauch zu machen. Wenn Sie die katholische Lehre hierüber noch eingehender kennen lernen möchten, so verweisen wir Sie auf die Schriften eines unserer großen katholischen Schriftsteller,* den bekannten Dichter Dante, ein treuer Katholik, einstmaliger Abt, der mit allen Rechten der Kirche in einem Kloster gestorben ist. Dantes Gedichte über Himmel, Fegefeuer und Hölle beschreibt in drastischer Weise die Qualen des Fegefeuers, so wie wir die Sache verstehen."

Hier schon unterliegen die Bibelforscher einem Zirkelschluss. Es ist richtig, was über Dante ausgesagt wurde. Jetzt kommt aber das große Aber. Dante hat lediglich künstlerisch verfremdet das wiedergegeben, was in einer Quellenschrift des Christentums, der "Offenbarung des Petrus" davor schon niedergeschrieben war. Man kann förmlich den Einwand der Bibelforscher mit Händen greifen. "Offenbarung des Petrus"? Wir kennen in unserer Bibel nur die Offenbarung des Johannes. Letzteres stimmt zwar auch; die Petrus-apokalypse wurde nicht in den Bibelkanon aufgenommen. Gleichwohl sie existiert. Und ist heute noch nachlesbar (etwa in der Ausgabe von Pfabigan und andere).

Hier setzt nämlich schon die dogmatische Grundvoraussetzung der Bibelforscher und anderer christlicher Kreise ein. Was unbequem ist, wurde als "apokryph" abgestempelt. Und die nicht mit diesem Odium versehenen christlichen Quellenschriften gar noch überhöht als von "Gott inspiriert." Dies ist die Unredlichkeit des Christentums und die Bibelforscher machen da keine Ausnahme.

Kommen wir zur Oktoberausgabe 1910 der "Volkskanzel". In ihr liest man:

"Wissen Sie, dass die Prophezeiung Daniels 'die Zeit des Endes' besonders kennzeichnet? Es heißt dort: Zur Zeit des Endes (1.) werden viele hin und herlaufen; (2.) und die Erkenntnis wird sich mehren; (3.) die Verständigen ('Jungfrauen') werden es verstehen; (4) und keine der Gottlosen (nicht 'geistig Gesinnte') werden es verstehen (5.) und in jener Zeit wird Michael (Christus) aufstehen (zu regieren anfangen); (6.) und es wird eine Zeit der Drangsal sein, dergleichen nicht gewesen ist, seitdem eine Nation besteht (Dan. 12,9. 4. 10.1).

Wissen Sie, dass nach der Schrift die oben erwähnte 'Zeit des Endes' im Jahre 1799 begann und bis zum Jahre 1915 dauert?

Wissen Sie, dass im Jahre 1799, also am Anfang der 'Zeit des Endes' Mitteilungen am schnellsten zu Pferd überbracht wurden, während jetzt durch Fernsprecher und Telegraphendrähte Städte verknüpft, Nationen und Erdteile verbunden sind?

Wissen Sie, dass das erste brauchbare Dampfschiff im Jahre 1806 erbaut wurde und die erste Lokomotive 1831?

Wissen Sie, dass der große christliche Philosoph, Sir Isaac Newton (1727 gestorben), einmal diese Prophezeiung studierte, und auf Grund derselben sagte: 'Mich sollte es nicht wundern, wenn die Menschen eines Tages mit einer Geschwindigkeit von 50 (englischen) Meilen die Stunde reisen würden?'

Wissen Sie, dass Voltaire der große ungläubige Philosoph (1778 gestorben, als schon viel mehr über die Kraft des Dampfes bekannt war), voll Verachtung über diese Prophezeiung Gottes erklärte, dass sie aus Sir Isaac Newton einen Narren gemacht habe?

Wissen Sie, dass wir alle das vorher verkündigte 'Hin- und Herlaufen' erfüllen, wenn wir mit dem Dampfer, der Eisenbahn, dem elektrischen Wagen usw., allenthalben hinfahren?

Wissen Sie, dass im Jahre 1784 Freischulen als Sonntagsschulen eröffnet wurden, und zu Anfang 'der Zeit des Endes', 1799 Erkenntnis sich zu mehren begann?

Wissen Sie, dass nicht eine einzige der nunmehr vielen und großen Bibel- und Traktat-Gesellschaften vor 1804 gegründet wurde, weil erst da Lesestoff anfing, mehr für die Massen in Gebrauch zu kommen.

Wissen Sie, dass Gott verheißen hat, dass in dieser 'Zeit des Endes', in welcher wir leben, die Weisen in Gott - nicht die Weltweisen - das bislang Verborgene Seines Planes und Wortes verstehen sollen? (1. Kor. 3, 18-20: Mat. 25, 1.2).

Wissen Sie, dass die Vertreibung der Juden aus allen Nationen und das sich niederlassen in Palästina ein weiteres Merkmal vom Schluss des christlichen Zeitalters und von der Morgendämmerung des Milleniums ist? (Jer. 16, 15; Röm. 11, 25-32).

Wissen Sie, dass nach biblischer Chronologie bereits 6000 Jahre der Weltgeschichte verflossen sind, - dass das 7te Jahrtausend des Milleniums der Herrschaft Christi ist - dass die gegenwärtige Zeit, von 1875 bis 1915, die Übergangsperiode ist, die in der Schrift die 'Ernte' dieses Zeitalters genannt wird, in welcher die Zahl der Herauswahl (Kirche) vollendet wird, und dass dann das Millenium-Zeitalter mit 'großer Drangsal' (Anarchie usw., wiederholt in der Schrift genannt) hereinbrechen wird, welche Trübsal die wirtschaftlichen Verhältnisse ebnen, den Hochmut dämpfen und den Weg bereiten wird für Immanuels lang verheißenes Königreich 'unter dem ganzen Himmel'?

Wissen Sie, dass diese Trübsal sozialistisch und endlich anarchistisch sein wird, und dass, nach der Schrift, schließlich alle Reiche der Welt fallen werden in Vorbereitung für Christi tausendjähriges Königreich?"

Man ist geneigt darauf mit Lukian von Samosta zu antworten: "Wenn Du den Halys (Fluss zwischen Lydien und Persien) überschreitest, wirst Du ein großes Reich zerstören." Dazu Lukian von Samosta (120 bis 180 u. Z.)

"Sprich mir nicht von den Orakeln, mein Bester, oder ich werde dich fragen, an welches du dich am liebsten erinnern lassen willst: ob an das, dass der delphische Apollo dem Könige von Lydia gab und das so doppelgesichtig war wie gewisse Hermon, die einem das Gesicht zuwenden, man mag sie nun von vorn oder von hinten betrachten – denn wie wusste nun Krösus, ob er nach dem Übergang über den Fluss Halys das Reich des Cyrus oder sein eigenes zugrunde richten würde? Und gleichwohl bezahlte der unglückliche Fürst diesen doppelsinnigen Vers mit vielen Tausenden." Indem nach Anfangserfolgen sein eigenes Reich zerfiel und somit zerstört wurde.

In der Argumentation der Zeugen Jehovas spielt auch eine gewisse Rolle, dass 1913 "das letzte Friedensjahr" gewesen sei. Dazu die nachfolgende Ausführung der Zeitschrift "Christliche Verantwortung" (Nr. 37) entnommen:

## Was war 1914?

Ein Kronzeuge, Dr. Konrad Adenauer, erklärte am 20. 1. 1964: "Seit 1914 führen die Menschen kein sicheres und ruhiges Leben mehr. Und der Friede?

Seit 1914 wissen die Deutschen und weiß es ein großer Teil der Menschheit nicht mehr, was Frieden eigentlich ist." (Zitiert nach der Zeugen Jehovas-Zeitschrift "Erwachet" Nr. 7/69, Seite 5)

*"Das letzte vollständig 'normale' Jahr in der Geschichte war das Jahr 1913, das Jahr vor Beginn des I. Weltkrieges."* Washington D. C., Times-Herald, vom 13. März 1949. Es sei uns fern, Herrn Dr. Konrad Adenauer Nachhilfeunterricht in Geschichte erteilen zu wollen. Treue, redliche Zeugen Jehova Gottes unterziehen sich gern der kleinen Mühe, Weltgeschichte seit 1864 etwa, einmal näher zu betrachten. Wie sah die Welt damals, vor 1914 aus?:

1864 Krieg Dänemark - Deutschland
1865 Präsident Lincoln, USA ermordet
1866 Krieg Preußen - Österreich
1870 Krieg Deutschland - Frankreich
1873 Krieg Russland - Turkestan
1879 Krieg Chile - Bolivien/Peru
1881 Krieg Russland - Turkestan
1881 Krieg Frankreich - Tunesien
1881 Zar Alex. II. Ermordet
1894 Krieg Japan - China
1898 Krieg USA - Spanien (Kuba)
1899 Krieg England - Buren (Transvaal)
1900 Krieg in China - Boxer-Aufstand
1900 Krieg Italien - Türkei
1900 König Humbert v. Italien ermordet
1904 Herero-Aufstand in Afrika
1905 Revolution in Russland
1905 Krieg Russland - Japan
1910 Krieg Japan - Korea
1911 Krieg Türkei - Italien
1912 I. Balkankrieg

1905/06 Rüstungsausgaben:
Frankreich: 854 Millionen Goldmark
Deutschland: 938 Millionen Goldmark
Russland: 1063 Millionen Goldmark
Interessante Zahl:
Von 1905/6 bis zum Jahre "1913" steigerte Deutschland seine Militärausgaben um 350 Prozent, auf 320 Milliarden Goldmark.
Von 1876 bis 1913 nahmen die kolonialen Weltmächte England, Frankreich, Deutschland und Holland 25 Millionen km $^2$ fremdes Land in Besitz (Übersee). Das war ein Kolonialbesitz zweimal größer als ganz Europa.

Wir dürfen ganz darauf vertrauen, dass Land und Bodenschätze immer mit Glasperlen und anderen Geschenken eingetauscht wurden. Im Chor, z. B. mit Herrn Dr. Konrad Adenauer, können wir nun ausrufen: Ach, wie friedlich und wie schiedlich war doch die gute alte Zeit vor 1914!

Wie zitierte doch „Erwachet" Nr. 7/69 aus der „Times-Herald", USA, vom 13. 3. 1949: *"Das letzte vollständig 'normale' Jahr in der Geschichte war das Jahr 1913."*

Wir können indessen sehr wohl verstehen, dass gewisse Zeitungen und Historiker, natürlich auch Staatsmänner, das bisschen 50 Jahre Kanonendonner, etwa seit 1864 - 1913, durchaus für „normal" und notwendig, da tägliche Begleitmusik in dieser Zeit, hielten. Wer an Raub und Eroberung gewöhnt war, den störte das bisschen Lärm nicht.

Schließlich waren das ja große Zeiten, "normale", bis zum Jahre 1913, danach trat Satan erst seine Herrschaft an....

Beim Sichten und Auswerten von Anzeichenbeweisen hat "Erwachet" 50 Jahre Mord und Totschlag, Krieg und anarchistischen Terror vor 1914 überhört bzw. übersehen.

Nein, das glaube wer will.

Wie jene Chronisten - Kronzeugen, wollte „Erwachet" 50 Jahre Kanonendonner überhören, um das Jahr "1914" nicht aufgeben zu müssen, um uns diesen Strohhalm nicht aus der Hand zu nehmen.

An diesem Strohhalm hängt selbstredend auch Brooklyn, dieser Halm ist seine Nabelschnur. Welche Unsicherheit, welche Widersprüche stehen dahinter, zu einem solchen Mittelchen Zuflucht nehmen zu müssen!

Jeder, der im Geist der Wahrheit denkt und handelt kann nämlich den Beweis führen, dass die Anzeichenbeweise für „1914" zurechtgestutzt wurden. Mehr noch, wer wie „Erwachet" auf diese Weise „Anzeichen" sammelt und sie seinen Vorstellungen gefügig macht, beweist beiläufig, dass er dem göttlichen Wort Jehovas nicht vertraut. Im Vertrauen auf Jehova Gott müsste eher die Tinte in der Feder stocken, als dass ein Zeuge bereit wäre, wie jene Kronzeugen, geschehene und geschriebene Geschichte vor 1914 zu vergewaltigen und diese in falsche Erwartung und Hoffnung zu „verwandeln".

Dafür gibt Jehova Gott keine Vollmacht, niemals. Die redliche, menschliche Wahrheit bedarf keiner Brechstange, ganz zu schweigen von der Wahrheit die aus Gott kommt. Lies deshalb auch die „Erwachet-Zeugnisse" über Erdbeben seit damals, 1914. Auch diese Geschichte bricht wie mit dem Hackebeil verstümmelt an einer passgerechten Stelle ab, danach beginnen dann die Anzeichen-Beweise Erdbeben ab 1914. Den Schein der Wahrheit hat „Erwachet" auch bei den "Beben" für sich, denn vor 1900 gab es noch keine seismischen Stationen, die Erdbeben aufzeichnen konnten. Dennoch, auch diese Anzeichen sind unwahrhaftig, willkürlich zurechtgebogen, wie die folgende Tabelle zeigt:

1868 Erdbeben in Peru 40 000 Tote
1868 Erdbeben in Ecuador
1868 Erdbeben in Kalifornien
1872 Erdbeben in Kalifornien
1873 Erdbeben in Griechenland
1878 Erdbeben in Griechenland
1883 Erdbeben in Ischia/Italien
1884 Erdbeben in Andalusien
1887 Erdbeben in Alma-Ata
1891 Erdbeben in Mino-Owari 17 000 Tote
1892 Erdbeben in Beludschistan
1894 Erdbeben in Lokris
1896 Erdbeben in Japan 27 000 Tote
1899 Erdbeben in Alaska
1905 Erdbeben in Indien 20 000 Tote
1906 Erdbeben in Chile 21 000 Tote
1906 Erdbeben in San Francisco
1907 Erdbeben in Mittelasien 11 000 Tote
1908 Erdbeben in Kalabrien 83 000 Tote
1911 Erdbeben in Turkestan
Interessante Zahl:
In 1500 Jahren seiner neueren Geschichte hat Japan 228 schwere und schwerste Erdbebenkatastrophen erlitten. Aus diesem Leiden der Menschen müssten sich eigentlich noch Spezial-Anzeichenbeweise durch "Erwachet" verfertigen lassen. Seit 1885 ist die Weltbevölkerung um 2 Milliarden Menschen gewachsen. Es entstanden Ballungszentren menschlicher Siedlungsgebiete.
In strenger Abhängigkeit davon bewegen sich auch die Katastrophenzahlen, d. h. die Wahrscheinlichkeit, wieviel Menschen durch Erdbeben getötet werden können.

Aber das sind Alltagsweisheiten, die jedem „Erwachet-Redakteur" bekannt sind - Bruder Knorr (seinerzeitiger Leiter der Zeugen Jehovas) dürfen schließlich keine halbgaren Schreibereien vorgelegt werden.
Was glaubst Du, was man uns vorlegen darf? Überlege einmal nüchtern und ohne Katastrophenbrille.
Dem Jahre 1914 hatten die Bibelforscher zugefiebert. Eine Verlautbarung dazu aus ihrer Zeitschrift "Der Wachtturm" Zum Kriegsbeginn notierte "Der Wachtturm" in seiner Ausgabe vom 1. 10. 1914:
*"Der Krieg ist plötzlich über die Welt hereingebrochen. Die lieben Leser des Wachtturms und der Schriftstudien von Bruder Russell haben diese Trübsal vorhergesehen und erwartet. Aus diesem Grunde müssen wir im Geiste frohlocken, aufsehen und unsere Häupter emporheben, von ganzem Herzen 'unseres Leibes' Errettung erwartend, nämlich das Ende der Laufbahn der letzten Glieder der Herauswahl im Fleische und ihre Verwandlung zur geistigen Stufe des Daseins mit neuen unverweslichen, herrlichen Leibern, gleichgestaltet dem Leibe der Herrlichkeit Christi Jesu, unseres Herrn."*
Gleichwohl veröffentlichte der amerikanische "Watch Tower" vom 15. Oktober 1914 (in der deutschen "Wachtturm"-Ausgabe vom Dezember 1914 nachgedruckt), eine Solidaritätsadresse an die kriegführenden Nationen.
In ihr konnte man lesen:
*"In solchen Zeiten, wie sie jetzt sind, empfinden wir eine herzliche Teilnahme mit den obrigkeitlichen Gewalten, sintemal diese von Gott verordnet sind. Wir erinnern uns der Worte des Apostels Paulus: 'Ich ermahne vor allen Dingen, das Flehen, Gebete, Fürbitten, Danksagungen getan werden für alle Menschen für Könige und alle, die in Hoheit sind, auf dass wir ein ruhiges und stilles Leben führen mögen in aller Gottseligkeit und würdigem Ernst. Denn dieses ist gut und angenehm vor unserem Heiland-Gott, welcher will, dass alle Menschen errettet werden und zur Erkenntnis der Wahrheit kommen."*
Der Kriegsausbruch wurde von den zeitgenössischen Bibelforschern besonders im Hinblick auf die Sozialdemokratie ausgedeutet.

Die Spannungen zwischen Sozialdemokratie und den herrschenden konservativen Kräften, inspirierten auch die „Wachtturm"schreiber. So in einem Artikel vom Oktober 1914, der nachstehend zitiert sei:

*"Die lange erwartete Erschütterung der sozialen Erde hat, wie wir glauben, bereits ihren Anfang genommen. Der große Krieg, für den Europa seine Truppen gedrillt, Schätze aufgespeichert und Waffen in Bereitschaft gehalten hat, erschüttert jede Nation in finanzieller, gesellschaftlicher und politischer Hinsicht.*

*Während der vergangenen fünfzig Jahre sind die Massen der Menschheit insbesondere durch Bereicherung an Wissen gefördert worden, und ihre Macht ist dementsprechend gewachsen. In demselben Maße haben die Irrtümer, der Aberglaube und die Knechtschaft vergangener Zeiten das Feld räumen müssen. Es hat eine dementsprechende soziale Revolution stattgefunden, die sich ihrer Art nach von allem, was bisher dagewesen ist, unterscheidet. Der Sozialismus ist eine Revolution, die sich auf Vermehrung des Wissens gründet, obgleich, wie wir versuchen wollen darzutun, viele seiner Schlussfolgerungen Trugschlüsse sind und manche seiner Bestrebungen sich wahrscheinlich in der Zukunft als überaus schädlich erweisen werden. Wenn nicht schließlich das Königreich Christi die Regentschaft in die Hand nehmen würde, so würde alles durch die zum großen Teil irrigen Weltverbesserungspläne des Sozialismus benachteiligt werden.*

*Europa ist mit dem Sozialismus durchsetzt, der gleich einem Sauerteig das ganze Gebäude der gesellschaftlichen Ordnung in Gärung versetzt. Könige und Kaiser dürfen ihm nicht zu offenkundig entgegentreten, und alle ihre geheimen Pläne haben nicht vermocht, seine Entwicklung zu hindern. Der jetzt begonnene allgemeine Krieg hat von verschiedenen Seiten her seinen Anstoß bekommen. Die Politik hat insoweit mit ihm zu tun, als die verschiedenen Länder die Erweiterung ihrer politischen Einflusssphären erstreben.*

*Wir glauben, dass auch der Sozialismus einen nicht unwesentlichen Faktor in dem jetzt tobenden Kriege spielt, der der größte und schrecklichste und wahrscheinlich auch der letzte Krieg der Erde sein wird. Der Sozialismus steht insofern in Beziehungen zu dem Kriege, als die Könige und Kaiser hoffen, dass Patriotismus und Selbstverleugnung die Interessen und Sympathien ihrer Völker, die unter dem Einfluss des Sozialismus gelockert werden, zusammenschmieden. Sie riskieren lieber einen allgemeinen Krieg, um nicht einer sozialen Revolution ins Antlitz schauen zu müssen.*

*Während innerhalb der letzten dreißig Jahre der Sozialismus die politische Erde erschüttert hat, haben andere Kräfte mit großer Gewalt die kirchlichen Himmel erschüttert. Wo wir auch hinsehen mögen, überall finden wir, dass nicht nur Unwissenheit und Aberglaube jetzt nicht mehr bei allen Christen Fuß zu fassen vermögen, sondern überdies viele bekennende Christen in ihrem Glauben an eine göttliche Offenbarung und manche sogar in ihrem Glauben an einen persönlichen Gott erschüttert sind. Ja, es ist heute sogar an der Tagesordnung, dass christliche Geistliche sich in ihren Kreisen rühmen, den Glauben an die Bibel verloren zu haben - unter dem Einfluss dessen, was man als 'höhere Textkritik' bezeichnet und was man früher 'Unglaube' nannte."*

## Über den Oktober 1914 und seine Bewältigung durch Russell liegt ein verschiedentlich schon zitierter Bericht vor

*„Dann kam der 2. Oktober 1914. Wir, dass heißt die Bethelfamilie, saßen zum 1. Frühstück bereits am Tisch, als Bruder Russell den Raum betrat. Eine Stille trat ein, jeder war erwartungsvoll, was würde wohl Bruder Russell heute wohl sagen? Seine ersten Worte waren: 'Guten Morgen alle zusammen'! Danach klatschte er überraschend in seine Hände und sagte freudig: 'Die Zeiten der Nationen sind abgelaufen, die Tage ihrer Könige gezählt.' Natürlich klatschten wir ebenfalls über diese Mitteilung, aber wir erwarteten von Bruder Russell mehr. Leider, unsere Neugier wurde nicht gestillt.*

*Als Bruder Russell erkannte, dass wir mehr erwarteten, fragte er uns: 'Ist jemand enttäuscht? Ich nicht. Alles verläuft planmäßig.' Mir war als hätte mir jemand einen Stich ins Herz versetzt. Nachträglich erfuhr ich von meinen engsten Freunden, wie ihnen nach den Worten Bruder Russells zumute war. Es war bitter für uns. Selbst der engste Mitarbeiter Bruder Russells, Bruder Macmillan, war über die Ausführungen Bruder Russells niedergeschlagen.*

Bruder Macmillan hatte doppelten Grund niedergeschlagen zu sein, denn er bekam von Bruder Russell den Auftrag, in einem Vortrag zur gegenwärtigen Lage Stellung zu nehmen. Dieser Vortrag war für Sonntag, den 4. Oktober … angesetzt. … Bruder Macmillan erzählte mir nachträglich, wie schwer ihm diese Ausarbeitung fiel; er sagte: …'In diesem Vortrag versuchte ich der Bethelfamilie klar zu machen, dass einige von uns wohl ein bisschen voreilig gewesen waren, als sie glaubten, im Oktober himmelwärts zu gehen. In Wahrheit belog ich mich selbst und andere. Was ich ausgearbeitet hatte, war praktisch leeres Stroh, geistloses Geschwätz, nur um Bruder Russell zufrieden zu stellen.'

Unser Bruder Macmillan hatte es in den darauffolgenden Wochen schwer. Ich selbst erlebte viel Unangenehmes im engsten Kreise. Auch Bruder Russell war niedergeschlagen, trotz seines Optimismus. Die wenigsten glaubten seinen Worten. Die Atmosphäre im Bethel war herzzerreißend. Verbitterung und Aufgabe waren die Folge. Viele verließen das Bethel und wollten erst einmal allein sein. Dieser Zustand verschlechterte natürlich die Krankheit von Bruder Russell, der dann Ende 1916 starb."

## Weitere 1914-Zitate

"Die diesjährige Hauptversammlung in Barmen vom 10. bis 13. April dürfte die letzte ihrer Art sein. Das sagen wir im Glauben an das prophetische Wort". („Wachtturm" 1914 S. 59)

"(Leserbrief). Wenn auch etliche der lieben Mitgeschwister durch die neuerlichen Ausführungen im Wachtturm in ihrer chronologischen Überzeugung erschüttert oder gar aus dem Gleise geworfen werden mögen, so wissen wir doch, dass dieses eben eine der wirksamsten Prüfungen und Sichtungen bedeutet und solche offenbart, die sich in ihrem Herzen vielleicht nur auf eine gewisse Zeit, anstatt 'bis in den Tod' geweiht haben." („Wachtturm" 1914 S. 64).

"Wenn dieses Jahr vorübergehen sollte, ohne dass die Herauswahl eine besondere Offenbarung göttlicher Gunst durch die Auferstehungsverwandlung von der irdischen zur geistigen Daseinsstufe erfährt, so werden wir wissen, dass wir in unserm Urteil hinsichtlich der Zeit, in welcher dieses glorreiche Ereignis zu erwarten steht, geirrt haben. Es ist noch die Möglichkeit vorhanden, dass wir hinsichtlich der Zeit nicht geirrt haben, wohl aber hinsichtlich der zu erwartenden Dinge". („Wachtturm" 1914 S. 101)

"Bibelforscher haben absolut keinen Grund, daran zu zweifeln, dass der Abschluss dieses Evangelium-Zeitalters jetzt vor der Tür steht, und dass er nach der Schrift in einer Zeit großer Drangsal enden wird, wie sie nicht gewesen ist, seitdem eine Nation besteht. Wir sehen, dass diejenigen, die von dieser großen Krisis in Mitleidenschaft gezogen werden, sich bereits unter der Führerschaft von Kapital und Verbänden, von Arbeiter und Berufsbünden zusammenscharen. Die große Krisis, der große Zusammenbruch, der symbolisch als ein Feuer dargestellt wird, das die kirchlichen Himmel und die soziale Erde verzehren wird, ist sehr nahe. Aber indem wir dieses gesagt haben, haben wir so ziemlich alles gesagt, was wir mit Sicherheit zu sagen vermögen und was sich uns zu sagen geziemt. Wir haben niemals vorgegeben, inspiriert zu sein oder ein prophetisches Gesicht zu haben. Alles, was wir jemals behauptet haben ist, dass die Bibel einen wunderbaren göttlichen Plan enthält, und dass das kostbarste die Liebe des himmlischen Vaters und unsers himmlischen Herrn Jesus ist, und dass die Zeit für die Aufrichtung des Königreiches sehr nahe ist. Wir erinnern unsere Leser hier daran, dass wir in dieser Zeitschrift und in den sechs Bänden der Schriftstudien alles in bezug auf die Zeiten und Zeitläufe in einer Form der Vermutung dargestellt haben; d. h. nicht in positiver Weise, noch auch mit der Behauptung, dass wir es wüssten, sondern lediglich mit dem Dafürhalten, dass die Lehre der Bibel 'so und so' zu sein scheine.

Die Chronologie erscheint dem Schreiber noch ebenso stark denn je zuvor. Er wüsste nichts, was er daran ändern oder verbessern könnte. Nichts destoweniger möchte der Schreiber alle Wachtturmleser darauf aufmerksam machen, wie er es bereits zweimal in diesem Jahre getan hat, dass es nach seinem Urteil jetzt unangebracht scheint, während des gegenwärtigen Jahres alles das zu erwarten, was wir unserer früheren Annahme gemäß vorausgesetzt hatten. Er sieht keine Möglichkeit dafür, dass das Kirchenbündnis seinen Höhepunkt der Organisation und Macht erreichen und dann während der noch übrigen Monate dieses Jahres zusammenbrechen werde. Und er erwartet mit Bestimmtheit, dass dies vor dem vollen Abschluss dieses Evangeliums-Zeitalters stattfindet, vor der Verherrlichung der letzten Glieder der Herauswahl, welche der Leib Christi ist.

*Hierdurch erweist sich die Chronologie nicht als falsch, noch auch beweist dies, dass die Zeiten der Nationen nicht mit diesem Jahre enden. Es kann sein, dass die Zeiten der Nationen enden, ehe die Kirchenherrschaft zu einer geistlichen Macht auswächst. Wir müssen abwarten und sehen."* („Wachtturm" 1914 S. 105, 106)

## Umleiten ins Unverbindlichkeitsgeplänkel

Vor 1914 war das Schüren der Endzeiterwartung angesagt. Nicht mehr im eigentlichen Jahre 1914. Jetzt war die Devise, das ganze ins Unverbindlichkeitsgeplänkel umzuleiten. Auch an etlichen Stellen im "Wachtturm"-Jahrgang 1914 registrierbar. So auch in der nachstehend zitierten Stellungnahme aus der Januarausgabe 1914 des „Wachtturms":

*"Es ist eine Tatsache, dass ungeachtet der Festigkeit unserer Stellung und unserer Hoffnung, dass unsere Annahme sich bestätigen werden, wir uns nichts destoweniger auf Glauben und nicht auf Wissen stützen. Es mag einige geben, bei denen der Glaube fast so stark und so überzeugend sein mag wie das Wissen. Trotzdem handelt es sich nicht um Wissen, sondern um Glauben. Wir müssen die Möglichkeit zugeben, dass uns in bezug auf die Chronologie ein Fehler unterlaufen sein könnte, obschon wir nicht zu sehen vermögen, wo ein Fehler in der Berechnung der sieben Zeiten der Nationen, die gegen den ersten Oktober 1914 ablaufen, gemacht sein könnte.*

*Wenn andere hinsichtlich eines anderen Datums in der gleichen Weise überzeugt sind, so sollten wir, wenngleich wir ihre Ansicht nicht zu teilen vermögen, deswegen doch nicht ihre Gliedschaft an dem Leibe Christi in Frage stellen. Wir sollten vielmehr sagen: Sei es, dass eure Berechnung die richtige ist, oder sei es, dass wir recht haben. Wir müssen immerhin zugeben, dass die Zeichen der Zeit, wie wir sie lesen, klar andeuten, dass der Meister nahe ist, ja, dass er vor der Tür steht, und dass sein Königreich bald die Herrschaft übernehmen wird. Das bedeutet, dass die Dinge, die wir erwarten gewisslich vollendet werden, einerlei, ob darüber noch ein Jahr, zehn oder zwanzig Jahre vergehen werden. Die Kirche (Auswahl) wird gesammelt, die Messianische Herrschaft der Gerechtigkeit wird anfangen, und die vorher verkündigte große Zeit der Drangsal wird diesen Ereignissen vorausgehen.*

Die allgemeinen Tatsachen sind viel wertvoller und wichtiger, als lediglich der Tag oder das Jahr des Eintreffens desselben. Die Bruderliebe bleibe. Lassen wir es nicht zu, dass irgendein Wortstreit bezüglich eines Jahres oder einzelner Tage die kostbaren Bande der Liebe zerreiße, die uns mit dem Herrn und allen denen verbinden, die in Wahrheit sind.

Nichts destoweniger hat wahrscheinlich bei uns allen die Neigung vorgeherrscht, als Resultat des Ablaufes der Zeiten oder Jahre der Nationen insbesondere an die Zeit der Drangsal für die Welt zu denken, nach ihr auszuschauen, oder sie täglich gegen Oktober 1914 zu erwarten. Vielleicht haben wir in etwa die Tatsache außer acht gelassen, dass aller Wahrscheinlichkeit nach das große 'Babylon' gerichtet werden wird, ehe die große Drangsal über die Welt kommt.

Dem Schreiber hat sich während der letzten 14 Tage mit großem Nachdruck der Gedanke eingeprägt, dass, wenn man das Hereinbrechen der großen Drangsal der Welt zum ersten Oktober 1914 oder vor dieser Zeit erwarten wollte, man staunenerregende Dinge innerhalb der Zwischenzeit zu gewärtigen haben müsste. ...

Nach unserm Verständnis stellt hier die Erde die gegenwärtige soziale Ordnung dar, während die Himmel die kirchliche Ordnung der Dinge darstellen. Wir finden nun, dass die Himmel mit dem gewaltigem Geräusch einer großen Bewegung, einer großen Verwirrung vergehen werden, und dass ihre Elemente oder Bestandteile, in der Hitze oder in dem Brande jener Zeit aufgelöst, schmelzen werden.

Danach wird die Erde oder die soziale Ordnung der Dinge ebenfalls verbrannt oder verzehrt werden durch die Drangsal jenes Tages, an welchem die gegenwärtige soziale Ordnung vernichtet und alles Gesetz und alle Ordnung durch Anarchie gestürzt werden wird. Wenn wir daher erwarten, dass die gesellschaftliche Ordnung innerhalb eines Jahres von der Drangsal ergriffen werden wird, so scheint dies besagen zu wollen, dass die gegenwärtige religiöse Einrichtung vorher zusammen brechen müsste. Aber wird dies der Fall sein?

Daraus ergibt sich, dass die Internationale Vereinigung Ernster Bibelforscher sowohl als auch andere, die von dem Bündnis nicht aufgenommen worden sind, Zwangs-maßregeln unterworfen sein werden. Die Wahrheit wird in den Straßen fallen.

*Die Gerechtigkeit wird sich unter dem Druck der neuen Verhältnisse keinen Eingang verschaffen können.*

*Eine Zeitlang wird es scheinen, als sei ein großer christlicher Sieg errungen worden, in welchen sich einerseits das Papsttum und andererseits der verbündete Protestantismus - der nicht mehr protestiert - teilen werden. Wir sehen auch schon die beiden Teile der Himmel zusammenrollen, indem sie sich zum gegenseitigen Schutze immer näher kommen.*

*Aber der Triumph der neuen Ordnung der Dinge wird nur von kurzer Dauer sein. Die Volksmassen, die jetzt nicht mehr unwissend und dumm sind wie in den finstern Zeitalter, werden die wahre Sachlage begreifen und an der großen 'Babylon' - die bereits vom Herrn verstoßen ist - das vorhergesagte Gericht vollziehen. Sie wird gleich einem großen Mühlstein ins Meer geworfen werden, um sich nie wieder zu erheben. ...*

*Nun erhebt sich die Frage: Kann dieses alles im laufe eines Jahres stattfinden? Wir antworten: Ja, es würde möglich sein! Aber die zweite Frage ist: Ist es wahrscheinlich? Und die Antwort lautet: Nein; es ist kaum anzunehmen, dass soviel in einem Jahre zuwege gebracht werden würde! Hier haben wir also eine offene Frage, bezüglich deren ein jeder sich sein eigenes Urteil bilden muss.*

*Der besondere Punkt, den wir jetzt hervorheben, ist der, dass wir wenn es schwierig, obgleich nicht unmöglich, finden, zu sagen, dass diese Dinge innerhalb eines Jahres zustande kommen könnten, durchaus freundlich und duldsam sein sollten solchen Brüdern gegenüber, die überzeugt sind, dass diese Dinge nicht innerhalb eines Jahres Platz greifen werden, oder, die denken, dass unserer chronologischen Ansicht ein Mangel anhafte."*

Im März 1914 schrieb der "Wachtturm"

*"Wie wir schon darauf hingewiesen haben, sind wir keineswegs sicher, dass dieses Jahr 1914 einen so radikalen und schnellen Wechsel der Zeitverwaltung bringen wird, wie wir ihn erwartet haben. Es geht über unser Fassungsvermögen hinaus, uns eine Vorstellung davon zu machen, wie in einem Jahre alles zur Vollendung gelangen kann, was nach der Schrift als dem Anfang der Friedensherrschaft vorausgehend erwartet werden kann. Wir wissen wem wir geglaubt haben.*

Wir haben unser Leben dem Dienste Gottes bis in den Tod geweiht, ungeachtet dessen, ob der Tod in diesem Jahre oder zu irgend einer andern Zeit erfolgt.

Wir wissen, dass das Volk Gottes in dieser Hinsicht Enttäuschungen erlebt hat. Die Juden wurden in ihren Erwartungen enttäuscht. Die Christen in dieser laodicäonischen Zeitperiode waren zuerst enttäuscht, indem sie nicht klar verstanden, was sie zu erwarten hatten. Während der ersten Verfolgungen der Herauswahl meinte man, dass diejenigen, welche litten, bald in die Herrlichkeit eingehen würden. Man dachte, dass das Königreich nahe sei. Einige der Enttäuschten fuhren fort, zu warten und zu hoffen und zu beten. Andere organisierten das große päpstliche System und behaupteten, dass die Kirche ihre Herrlichkeit jetzt erlangen müsse, dass das Königreich des Messias da sei, und dass der Vertreter des Messias auf seinem Throne sitzen und als Verkörperung des Messias die Königreiche der Welt in Unterwürfigkeit bringen müsse.

Diese Ansicht hat in verschiedener Hinsicht unheilvoll gewirkt, denn es hat die ganze Christenheit 'trunken' gemacht. ... Selbst heute noch sind viele verwirrt. Einige sind, nachdem sie aus der Finsternis herausgekommen sind, in andere Irrtümer geraten. Die Mehrheit hat allen Glauben an die Prophezeiungen verloren. Aber Gott hat alle diese Zustände vorhergesehen und vorhergesagt, und sie werden das göttliche Programm nicht stören. Das Gesicht soll zur bestimmten Zeit deutlich gemacht werden.

Wir vermögen die Zeitrechnungen nicht mit einer solch absoluten Sicherheit zu lesen wie die Lehren, denn die Zeit ist in der Bibel nicht so deutlich ausgedrückt wie die Grundlehren. Wir wandeln immer noch durch Glauben und nicht durch Schauen. Wir sind indes nicht ungläubig, sondern wir glauben und warten. Wenn es sich später herausstellen sollte, dass die Herauswahl im Oktober 1914 nicht verherrlicht ist, so werden wir uns mit dem Willen des Herrn zu begnügen suchen, welcher Art er auch immer sein mag.

Wir glauben, dass viele, die den Wettlauf nach dem Kleinod laufen, selbst dann im Stande wären, Gott für die Chronologie von Herzen zu danken, wenn die Berechnungen um ein Jahr oder auch um mehrere Jahre von der Wirklichkeit abweichen sollten.

*Wir glauben, dass die Chronologie ein Segen ist. Wenn wir durch sie einige Minuten oder einige Stunden früher am Morgen aufgeweckt worden sind, als es sonst geschehen sein würde, dann ist es gut so. Diejenigen, die wach sind, erlangen den Segen.*

*Wenn das Jahr 1915 vorbeigehen sollte, ohne dass die Herauswahl vollendet und die Zeit der Drangsal hereingebrochen ist, so möchten einige darin eine Kalamität erblicken. Bei uns würde dies nicht der Fall sein. Wir werden uns so sehr wie irgend jemand freuen, wenn unsere Verwandlung von der irdischen zur geistigen Stufe vor dem Jahre 1915 erfolgt - und dieses erwarten wir. Aber wenn dies nicht des Herrn Wille sein sollte, so würde es auch unser Wille nicht sein. Wenn nach der Vorsehung des Herrn die Zeit fünfundzwanzig Jahre später kommen sollte, so würde der Wille des Herrn auch unser Wille sein....*

*Die Differenz würde lediglich darin bestehen, dass die Zeiten der Aufrichtung des Königreiches sich um einige Jahre verzögern würde. Wenn der Zeitpunkt Oktober 1915 vorübergehen sollte, während wir uns noch hienieden befinden und die Dinge noch im wesentlichen so gehen wie heute, während die Welt in ihren Bemühungen, schwebende Streitigkeiten zu schlichten, anscheinend Fortschritte macht, die Zeit der Drangsal noch in Aussicht steht, und die Namenkirche noch nicht verbündet ist, so würden wir sagen, dass uns in unserer Zeitrechnung irgend ein Irrtum unterlaufen ist. In diesem Falle würden wir die Prophezeiungen weiter durchforschen, um zu sehen, ob wir einen Irrtum entdecken können.*

*Und dann würden wir uns fragen: Haben wir ein wichtiges Ereignis zur richtigen Zeit erwartet? Der Wille des Herrn könnte dies zulassen. Unsere, d. h. der Herauswahl Erwartung geht dahin, dass unsere Verwandlung nahe ist. Der Welt können keinerlei Wiederherstellungssegnungen zuteil werden, solange die Herauswahl nicht verherrlicht ist.*

*So weit wir es bis jetzt zu beurteilen vermögen, würde das Nichteintreffen der erwarteten Dinge im Jahre 1915 oder früher besagen, dass alle chronologischen Berechnungen so wie wir sie haben, sowie unsere Ansicht über die Ernte usw. falsch seien. Aber wir haben keinen Grund zu glauben, dass sie falsch sind."*

Schamhaft wird verschwiegen, welche Konsequenzen das für Einzelne mitunter hatte.

## Selbstaufopferung für den Moloch Organisation

Schon die erste "Wachtturm"-Ausgabe des Jahres 1914 verdeutlicht den Kurs. Das Mittel dazu ist die Veröffentlichung von Leserbriefen und ihre Kommentierung. So wird ein solches Schreiben mit den Worten zitiert:

*"Der Bruder, der uns schrieb, sagte, dass er Landwirt sei, und dass, wenn es sicher sei, dass die Kirche (Herauswahl) vor Oktober 1914 vollendet sein wird, oder dass die große Zeit der Drangsal unmittelbar nach dem Zeitpunkt beginnen wird, er im Hinblick auf jedes dieser Ereignisse dazu neigen würde, die Landwirtschaft aufzugeben und das Jahr in der Kolportage zuzubringen, weil ihm dazu die genügenden Geldmittel verbleiben würden, wenn er sein Besitztum verkaufen oder Hypotheken auf dasselbe aufnehmen wollte.*

*In unserer Antwort sagten wir dem Bruder, dass wir, wenn er eine Frau oder Familie hätte, für deren Unterhalt er verantwortlich wäre, sein Vorhaben nicht als klug erachten könnten, dass dagegen, wenn er ohne Anhang dastände, nach unserm Dafürhalten sein Gedanke sehr gut wäre. Er würde dem Werke des Herrn nur ein Jahr widmen, und er könnte hoffen, am Schlusse des Jahres vom gesundheitlichem Standpunkt aus jedenfalls fähig zu sein, sein Brot nötigenfalls auf irgend eine Weise zu verdienen. Wir glauben, dass ein in der Kolportage verbrachtes Jahr sich als eine ausgezeichnete Schulung im Ausharren, in der Selbstverleugnung und im Dienste für andere erweisen dürfte."*

### "Es ist alles so nicht gemeint gewesen"

Noch eine auf Leserbriefe beruhende Stellungnahme sei aus jenem „Wachtturm"-Jahrgang zitiert (1914 S. 7):

*"Unsere Behauptung in der Wachtturm-Nummer vom Dezember vorigen Jahres, dass wir den Oktober 1914 niemals als einen unfehlbar gewissen Zeitpunkt bezeichnet hätten, sei es in bezug auf das Ende der 'Zeiten der Nationen', oder sei es hinsichtlich irgend eines besonderen Geschehnisses, ist seitens unserer Leser in Frage gezogen worden. Man weist uns hin auf die folgenden Worte in den Schriftstudien (Band 2, Seite 83) 'Nun behalte man das für den Anfang dieser Zeiten der Nationen gefundene Datum - nämlich 606 v. Chr. - im Sinne, während wir darangehen,*

den Beweis zu erbringen und zu untersuchen, dass ihre Länge 2520 Jahre beträgt und mit dem Jahre 1914 zu Ende geht.' ....

Ferner werden wir auf die Stelle Band 2, Seite 95 hingewiesen: 'Im Hinblick auf diesen starken biblischen Beweis in betreff der Zeiten der Nationen betrachten wir es als eine feststehende Wahrheit, dass das schließliche Ende der Reiche dieser Welt und die volle Herstellung des Königreiches Gottes um 1914 vollzogen sein wird.'

Wir vertreten den Standpunkt, dass nichts in diesen Zitaten die Unfehlbarkeit der Theorien dartut, die wir in bezug auf 1914 angeführt haben. In diesen Darlegungen haben wir, wie in allen andern, unsern Lesern lediglich Kenntnis gegeben von unsern Ansichten und von unsern Schlussfolgerungen in bezug auf die Heilige Schrift, auf die wir die Aufmerksamkeit lenkten. Wir haben daher jeden Leser aufgefordert, für sich selbst zu denken und zu urteilen und mit uns in seiner Beurteilung der Tatsachen übereinzustimmen oder auch nicht. Man beachte, dass wir in den obigen Ausführungen keine dogmatische Behauptung enthalten ist, dass vielmehr der Leser aufgefordert wird, nach seinem eigenen Verständnis zu urteilen"

Es wurde nichts mit der Ursprungserwartung. Ein diesbezügliches "Rückzugsgefecht" kann man auch dem „Wachtturm" entnehmen. Der schrieb im Jahre 1917 S. 67:

"Seit mehreren Jahren haben Bibelforscher einen großen internationalen Krieg erwartet, dem Revolution und Anarchie folgen werden … Sie erwarten, dass die großen Kirchensysteme, die in Sünde empfangen und in Ungerechtigkeit geboren worden sind, und die mittels Betrug und List gewirkt haben, hinweggefegt werden mit einem großen Besen der Zerstörung … Sie haben erwartet, dass die Regierungen der Erde, die auf falschen und ungerechten Grundlagen aufgerichtet sind, in einem großen Sturm der menschlichen Leidenschaften zertrümmert werden … Sie haben erwartet, dass der völligen Aufrichtung des herrlichen Königreiches des Messias eine dunkle Nacht voraufgehen würde … Sie erwarten alles dieses, weil die Bibel es sagt. Gottes Wort ist wahr.

Die geschehenen Ereignisse bestätigen unsere Erwartungen. Das neue Jahr ist herbeigekommen unter großen Kämpfen, Unruhen und viel Blutvergießen.

25

*Seit beinahe zweieinhalb Jahren hat ein furchtbarer Krieg zwischen den europäischen Nationen geherrscht, und der Sturm der Zerstörung tobt unvermindert weiter."*
Nach 1914 war für die Bibelforscher das improvisieren angesagt. Wollten sie doch ursprünglich in jenem Jahr "gen Himmel fahren". Aber da war ja noch der inzwischen ausgebrochene Erste Weltkrieg. Es bot sich an, ihn nunmehr zu betonen um so sagen zu können, unsere Prophezeiung hat sich doch "erfüllt". Allerdings wollte man die Hoffnung auf die erwartete „Himmelfahrt" vorerst weiterhin nicht aufgeben. Man nahm sich die Freiheit die Ursprungserwartungen für 1914 auf nunmehr 1918 umzuterminieren. 1918 wurde wieder nichts aus der "Himmelfahrt". Der "Wachtturm" (1920 S. 56) sah sich gezwungen, auf diesen Sachverhalt einmal in nebulösen Wendungen einzugehen:

*"Wenn angenommen wird, die Ernte sei im Frühling 1918 zu ihrem Abschluss gekommen, so ergibt sich daraus die Frage: Was ist denn die gegenwärtige Aufgabe der Kirche? Wir wissen, dass die Ernte im Jahre 1878 ihren Anfang nahm, während vierzig Jahren im Gange war und im Frühling 1918 beendet wurde. ... Hinweisend auf den Abschluss der natürlichen Erntezeit, welche Jesus zur Verbildlichung der geistigen Ernte anzuwenden pflegte, erinnern wir daran, dass der regelrechten Ernte die Nachlesearbeit folgte, während welcher noch vereinzelte Weizenähren eingesammelt wurden.*
*Das macht uns auf den Gedanken aufmerksam, dass nach dem Abschluss der regelrechten Ernteperiode da und dort etliche in die Scheune gesammelt werden, die die Stelle solcher einnehmen, die ausscheiden und das dieses seit dem Frühling 1918 im Gang befindliche Werk durch die Nachlese-Ernte dargestellt und richtigerweise auch so bezeichnet wird."*
Eine weitere nebulöse Erklärung zu diesem Thema druckte der "Wachtturm" einige Monate später noch mal ab (1920 S. 138):
*"Die Zeiten der Nationen gingen im Jahre 1914 zu Ende und viele erwarteten, dass zu jener Zeit die Herauswahl verherrlicht werden würde. Jetzt können wir sehen, dass 1914 ein in der Schrift klar bezeichnetes Datum ist, obgleich es die vollständige Verherrlichung aller Glieder des Leibes Christi nicht markierte. Die Ernteperiode von vierzig Jahren*

endete im Jahre 1918; aber seitdem ist ein Nachlesewerk vor sich gegangen und es gibt jetzt noch mehr für die Herauswahl zu tun. Nachdem diese wichtigen Daten vorübergegangen sind, haben viele gefragt: Warum sind die Glieder des Leibes Christi noch diesseits des Vorhanges? Die Antwort scheint folgende zu sein: Damit sie der Welt ein Zeugnis geben möchten, dass das Königreich der Himmel herbeigekommen ist, und um noch die notwendigen Erfahrungen zu machen, um sie vervollkommnen und sie für den Gebrauch in jenem Königreiche passend zu machen."

## 1925

Der nächste große Fischzug war die 1925-Verkündigung.

Wir erwarten mit absoluter Zuverlässigkeit, so tönte man noch im Jahre 1924 in der Ausgabe vom 15. 3. 1924 des "Goldenen Zeitalters". Was erwartete man "mit absoluter Zuverlässigkeit?"

"Wir können heute auf Grund ernster Schriftforschung verkünden, dass eine Befreiung für die gesamte Menschheit nahe vor der Tür steht, dass eine Wiederherstellung des gefallenen Menschengeschlechts zur Vollkommenheit menschlichen Lebens auf Erden sehr bald beginnen und die bekannte Weihnachtsbotschaft: 'Ehre sei Gott in der Höhe und Frieden auf Erden und den Menschen ein Wohlgefallen!' sich restlos erfüllen wird, so dass alle Menschen, auch die größten Atheisten, von der Herrlichkeit Jehovas und der überreichen Gnade und Segnung, die er für seine Geschöpfe vorgesehen hat, überzeugt sein werden! Wir erwarten mit voller Gewissheit, dass die jetzige große Drangsal … Im Jahre 1925, etwa im Herbst, ihren furchtbaren Höhepunkt erreicht und alsdann zum endgültigen Abschluss kommen wird, damit anschließend das Werk der Wiederherstellung aller Dinge … unter der gerechten Regierung des Christus und seiner Getreuen … beginnen kann. Wir erwarten mit absoluter Zuverlässigkeit die nach der Drangsalszeit beginnende Auferstehung der gesamten Menschheit, die allmählich innerhalb eines Zeitraumes von 1000 Jahren aus dem Todesschlaf zurückkommen werden mit einem neuen gesunden Körper, und zwar so, dass die zuletzt Gestorbenen zuerst und die vor Jahrtausenden Gestorbenen, wie Adam z. B. zuletzt auferstehen werden, um durch die Gnade Gottes ewiges Leben unter vollkommenen Verhältnissen auf einer neu gestalteten Erde empfangen zu können.

Ferner dürfen wir verkündigen, dass viele Menschen, die jetzt leben, die Möglichkeit werden kann, überhaupt nicht erst sterben zu brauchen, weil die Schrift sagt, dass es solche geben wird, die in dieser Drangsalszeit am Leben bleiben werden. Zwar werden sie durch großes Leiden in der Drangsal heimgesucht, aber dennoch lebend in das goldene Zeitalter nach 1925 hinüberkommen, um dann mit den Auferstehenden der Menschheit an der Segnung ewigen Lebens auf Erden teilzuhaben."

In seiner 1924 erschienenen, für die breitere Öffentlichkeit bestimmten Broschüre "Eine wünschenswerte Regierung" (S. 35) hatte der damalige Bibelforscher-Leiter Rutherford verkündet:

28

*"Im Lichte der Heiligen Schrift können wir erwarten, dass Jerusalem die Welthauptstadt sein wird, von der auferstandene vollkommene Männer wie Abraham, Isaak, Jakob, Moses, David, Daniel und andere die Regierungsangelegenheiten der Welt besorgen werden, während andere solcher glaubenstreuen Männer als Herrscher in den verschiedensten Teilen der Erde eingesetzt sein und von denen, die in Jerusalem herrschen, Anweisung betreffs der Regierungsangelegenheiten empfangen werden. Wir dürfen erwarten, dass Abraham mit vollkommenen Radio-Funkspruchstationen vom Berge Zion die Angelegenheiten der ganzen Erde leiten kann."*

## Die "kurz bevorstehende Verwandlung"

Der "Wachtturm" notierte im Jahre 1923 (S. 374): *Die "Bibelforscher glaubten allgemein, dass das Jahr 1914 das Ende aller Bemühungen der Kirche auf dieser Seite des Vorhangs sein, und das ihre Verwandlung dann stattfinden würde. Manche waren hiervon so gründlich überzeugt, dass sie Vorkehrungen trafen, am letzten Tage des Monats September alles und jedes hinter sich zu lassen und einzugehen mit dem Herrn. Manche hielten Ansprachen, worin sie sagten: 'Dies ist das letzte Mal, dass ich zu den Freunden sprechen werde. Morgen gehen wir heim.'*

*Jedoch der Herbst 1914 kam und ging vorüber, und viele der Heiligen, die noch auf dieser Seite in dem Fleische sind, wunderten sich, wann ihre Verwandlung stattfinden würde. Seitdem haben sie vorausgeblickt und gefragt: Wann dürfen wir erwarten, dass wir heimgehen werden?*

*In dem Watch Tower vom 1. November 1914 sagte Bruder Russell: 'Wir können aber von unserer Verwandlung nicht weit entfernt sein, und wir raten dazu, dass alle vom Volke des Herrn Tag für Tag gerade so leben, als ob dies der letzte Tag auf dieser Seite des Vorhangs sein, und das der heutige Abend oder der morgige Tag uns in die herrlichen Dinge jenseits des Vorhangs einführen würde."*

## Die Glut dieser Erwartung glimmte in der Asche

**weiter**. Sie wartete nur darauf neue Sauerstoffzufuhr zu bekommen um alsdann als neue Stichflamme in Erscheinung zu treten. Symptom dieser Sachlage ist auch jene Fragenbeantwortung im "Wachtturm" (1923 S. 208):

*"Frage: Ist es wahr, dass vor acht Monaten den Pilgerbrüdern der Auftrag zuging, aufzuhören, über 1925 zu predigen? Haben wir mehr Grund oder ebenso viel um zu glauben, dass das Königreich 1925 errichtet werden wird, als Noah hatte, um zu glauben, dass eine große Flut kommen würde?*

*Antwort: Es ist überraschend, wie Berichte in die Welt hinausgehen. Den Pilgerbrüdern ist niemals zu irgendeiner Zeit auch nur ein Wink zugegangen, dass sie aufhören sollten, über 1925 zu predigen. Irgend jemand, der die Behauptung aufgestellt hat, dass eine solche Instruktion ausgesandt wurde, hat dies ohne irgendwelche Ermächtigung oder Entschuldigung oder Ursache getan. Unser Gedanke ist der, dass der Zeitpunkt 1925 endgültig von der Schrift festgelegt ist als ein Markstein des Endes der vorbildlichen Jubeljahre."*

Offensichtlich erwies sich die Bibelforscherführung als ein gelehriger Schüler der Phytia. Jener "Seherin" des Altertums, der schon Lukian von Samosta (120 bis 180 u. Z.) ein bleibendes Denkmal gesetzt hatte. Lukian referiert jenen zweideutigen Spruch dem sie dem König Krösus (560-546 v. u. Z.) zu Protokoll gab: "Wenn er den Halys (Fluss zwischen Lydien und Persien) überschreite, werde er ein großes Reich zerstören". Der Kommentar von Lukian:

*"Sprich mir nicht von den Orakeln, mein Bester, oder ich werde dich fragen, an welches du dich am liebsten erinnern lassen willst: ob an das, dass der delphische Apollo dem Könige von Lydia gab und das so doppelgesichtig war wie gewisse Hermon, die einem das Gesicht zuwenden, man mag sie nun von vorne oder von hinten betrachten - denn wie wusste nun Krösus, ob er nach dem Übergang über den Fluss Halys das Reich des Cyrus oder sein eigenes zugrunde richten würde? Und gleichwohl bezahlte der unglückliche Fürst diesen doppelsinnigen Vers mit vielen Tausenden."* Indem nach Anfangserfolgen sein eigenes Reich zerfiel und somit zerstört wurde."

An jene historische Reminiszenz wird man erinnert, wenn man im "Wachtturm" Jahrgang 1923 (S. 131) auch lesen konnte:

*"Manche sind geneigt, zweifelhaft mit Bezug auf 1925 zu werden, und darum werden sie lauwarm. Aber, Geliebte im Herrn, was für einen Unterschied macht es, ob die Dinge, von denen erwartet wurde, dass sie sich im Jahre 1925*

*zutragen würden, sich wirklich zutragen oder nicht? Gott wird seine Pläne nicht ändern. Er machte seine Pläne vor langen Zeiten. Er hat keine Fehler gemacht. Er wird seine Pläne ausführen und genau das herbeiführen, was er vorher angeordnet hat. Haben wir uns nicht vor langer Zeit bereit erklärt, seinen Willen zu tun? Dann sollten wir jetzt, und zwar freudigen Herzens sprechen: 'Ich will mich in alles und jedes schicken, was immer dein Wille ist und deine eigene, gute Zeit abwarten, es zuwege zu bringen.*

*Angenommen aber, dass das Jahr 1925 die ganze Brautklasse jenseits des Vorhangs vorfindet. Wenn ihr auch im Geiste fest an dem Glauben gehalten habt und in eurem Eifer für den König und das Königreich nicht nachgelassen habt, dann werden eure Freuden völlig und vollständig sein. Es ist sicherer, jetzt kein Risiko zu laufen, indem man müde wird, das Rechte zu tun."*

Bereits im Jahre 1922 hatte Rutherford auf einer spektakulären Bibelforscherveranstaltung die Parole ausgegeben ("Wachtturm" 1923 S. 27):

*"Das Königreich des Himmels ist nahe gekommen; der König regiert; Satans Reich bricht zusammen; Millionen jetzt Lebender werden niemals sterben. Glaubt ihr es? Glaubt ihr, dass der König der Herrlichkeit gegenwärtig ist, dass er seit 1874 gegenwärtig gewesen ist? Glaubt ihr, dass er während dieser Zeit einen treuen und klugen Knecht gehabt hat, durch welchen er sein Werk leitete und den Haushalt des Glaubens mit geistiger Speise versorgte? Glaubt ihr, dass der Herr jetzt in seinem Tempel ist, die Nationen der Erde richtend? Glaubt ihr, dass der König der Herrlichkeit seine Herrschaft begonnen hat? Dann zurück in das Feld, o ihr Söhne des höchsten Gottes! ... Geht mutig vorwärts in dem Kampfe, bis jede Spur Babylons wüst und öde gemacht ist!"*

Nicht all und jeden war diese Umstrukturierung der Bibelforscher zu einer Kampforganisation recht. Symptom dafür ist auch jene im "Wachtturm" (1923 S. 134) wiedergegebene Klage:

*"Von Zeit zu Zeit hören wir Klagen und Murren von einigen, die dagegen protestieren, dass das Werk von der Gesellschaft nach dem Prinzip der Tüchtigkeit und Leistungsfähigkeit reguliert wird, und die unzufrieden sind, weil immer und immer über den Dienst zu den Freunden*

*gesprochen wird. Um ihre eigenen Worte zu gebrauchen: 'Immerfort ist die Rede vom Dienst und noch einmal Dienst und noch einmal Dienst, und wir haben die Sache satt."*

Auch Rutherford selbst sah sich genötigt mal in einem Nebensatz auf diese Sachlage einzugehen. Etwa mit seiner Bemerkung ("Wachtturm " 1923 S. 26):

*"Es ist zu einem deutlich ausgeprägten Wechsel im Charakter des Werkes der Herauswahl seit 1918 gekommen. Hier entsteht die Frage. War dieser Wechsel gerechtfertigt? Diejenigen, die einst mit uns gegangen sind, die aber jetzt nicht mehr mit uns gehen, sagen: 'Nein'.*

## Nach Tisch las man es anders

Anfang 1925 schlug der "Wachtturm" (1925 S. 35) schon etwas zurückhaltendere Töne an:

*"Das Jahr 1925 ist gekommen. Mit großer Erwartung haben Christen diesem Jahre entgegengesehen. Viele haben zuversichtlich erwartet, dass alle Glieder des Leibes Christi während des Jahres zu himmlischer Herrlichkeit verwandelt werden. Dies mag vielleicht erfüllt werden. Es mag vielleicht nicht so sein. ... Zu seiner eigenen Zeit wird der Herr seine Absichten mit Bezug auf sein eigenes Volk vollbringen. Christen sollten nicht so tief bekümmert sein um das, was sich während dieses Jahres ereignen mag, so dass sie es daran fehlen ließen, freudig das zu tun, was der Herr möchte, dass sie es tun sollten."*

Die Tendenz war klar: Zeit gewinnen hieß die Parole!

So belehrte der "Wachtturm" etwa: (1925 S. 89): *"Viele können sich erinnern, wie 'absolut sicher' einige mit Bezug auf 1914 waren. Ohne Zweifel hatte der Herr Wohlgefallen an dem Eifer, der von seinen Knechten geoffenbart wurde; aber hatten sie eine biblische Grundlage für alles, was sie erwarteten, dass in jenem Jahre sich zutragen würde?*

*Lasst uns deshalb vorsichtig sein, Einzelheiten vorherzusagen. Der Herr wird sie klar machen, so schnell sie Speise zur rechten Zeit werden."*

50 Jahre später verwandte ein herausragender Funktionär der Wachtturmgesellschaft, der es bis zu dessen Präsidentenamt brachte und der 1925 als Bibelforscher auch persönlich schon miterlebt hatte die Wischi-waschi-Formulierung: *"Es könnte sein, es könnte sein. ... Doch wir sagen das nicht"*. Damit meinte er dann aber 1975.

Vergleicht man, so stellt man fest: Man hielt es 1925 schon so ähnlich!

Auch damals wurde erklärt: ("Wachtturm" 1925 S. 89): *"Wieviel von all diesem im Jahre 1926 geschehen wird, ist nicht gesagt. Gegenwärtig finden wir kein bestimmtes Datum über 1926 hinaus in der Schrift angezeigt. Als die Bibelforscher den Zeitpunkt 1914 in der Bibel fanden, verkündeten sie es weit und breit, aber der Herr ließ den Vorhang nieder an jenem Zeitpunkt, bis wir ihn erreicht hatten. Gott setzte sein Siegel auf 1914, und das Werk, dass in jenem Jahre begonnen wurde, geht noch weiter. Wir finden den Zeitpunkt 1925 klar angezeigt in dem prophetischen Umriss, und der Herr hat den Vorhang nicht genügend für uns gehoben um klar darüber hinaus zu sehen. Viele von uns mögen während der Jahre 1925 und 1926 heimgerufen werden. Ob wir nun gerufen werden, oder ob Jehova einige von uns hier für ein weiteres Werk lassen wird, was macht das aus?"*

Damals verkündete man der staunenden "Wachtturm"-Leserschaft weiter ("Wachtturm" 1925 S. 86):

*"Schon im Jahre 1876 und 1877 wurde gezeigt, dass die Bibel 1914 als den Schluss der Zeiten der Nationen vorausgesagt hatte. Viele Bibelforscher verkündeten 1914 als das Ende der Welt ... Ende des Zeitalters oder der Herrschaft der Nationen. Viele können sich erinnern, dass schon 1890 Gerüchte eines großen europäischen Krieges auftauchten. Die Nationen begannen sich zum Kriege vorzubereiten. Aber Jahr auf Jahr verzog sich der Krieg, bis man allgemein glaubte, dass ein Krieg niemals kommen könnte. Es ist erklärt worden, dass Deutschland sich zum Kriege rüstete und einen Krieg im Jahre 1912 erwartete. Aber 1912 ging vorbei und kein Weltkrieg kam. Viele bemerkten, dass der Krieg zurückgehalten worden war wie durch eine unsichtbare Macht, und dies war der Fall. Plötzlich beinahe wie ein Donnerschlag aus heiterem Himmel, am 28. Juli 1914, erklärte Österreich Krieg gegen das kleine Serbien. Binnen zwei Tagen erklärte Russland um seinen Schützling Serbien zu beschirmen, Krieg gegen Österreich. Deutschland machte sofort gemeinsame Sache mit Österreich gegen Russland. England und Frankreich beeilten sich, Russland beizustehen. So plötzlich waren die Kriegsfurien losgelassen, dass um den fünften August alle Hauptnationen Europas in tödlichem Kampfe lagen, und das*

*Werk der Entsetzung der Nationen begann. Wir sehen jetzt, warum Deutschland in den Weltkrieg nicht im Jahre 1912 verwickelt wurde. Es war nicht die Zeit Gottes. Die Zeiten der Nationen waren nicht völlig abgelaufen."*

Nach 1925 las man es dann im "Wachtturm" noch etwas anders. Schuld waren jetzt jene, die diese Thesen vielleicht etwas zu wörtlich genommen hatten. So belehrte der "Wachtturm" (1928 S. 36, 37): *"Bei anderen regt der Feind den Gedanken an, dass alle irdischen Güter vernachlässigt oder fortgegeben werden müssen, um in solcher Weise ein Opferleben zu führen und ergebungsvoll auf die Verherrlichung zu warten. Manche werden so träge und träumerisch, dass sie nicht mehr für die anständigen und ehrbaren Dinge für sich selbst und für die von ihnen Abhängigen arbeiten, sondern nur, wie sie sagen, auf den Herrn warten. Noch andere geraten in so tiefe Armut, dass sie verzweifeln und glauben, dass Gott sie vergessen hat.*

*Möge kein Kind Gottes sich durch eitle Erklärungen oder Lehren ehrgeiziger Männer wie zum Beispiel die Ankündigung von Monat und Tag, da das letzte Glied der Herauswahl in den Himmel genommen wird, täuschen lassen. Solche Lehren sind nicht nur eitel und töricht, sondern auch dem Herrn gegenüber anmaßend. Möge jeder mit vollem Vertrauen, dass der Herr seine Kinder zu seiner eigenen Zeit verherrlichen wird, inzwischen fleißig das ausführen, was Gott seinem Volke als die zu verrichtende Arbeit übertragen hat. Ob nun ein Jahr oder zehn Jahre erforderlich sind, dass Zeugniswerk zu vollenden, sollte auf die Stellungnahme des Knechtes des Herrn weiter keinen Einfluss haben."*

## Die nicht zurückgekehrten "alttestamentlichen Überwinder"

Es war klar, dass nach 1925 auch die Wachtturmgesellschaft nicht umhin kommen würde, zu der von ihr geschürten 1925-Verkündigung ein Wort zu sagen. Sieht man sich diese unbußfertigen Stellungnahmen näher an, so ist es für den objektiven Beobachter klar: Der Moloch ihrer Organisationsstrukturen hat die Priorität. Sie hatte sich zwischenzeitlich zu einer weitverzweigten Organisation entwickelt. Die war das unantastbare Tabu. Die Organisation galt es um jeden Preis zu erhalten und weiter zu führen.

**34**

Wer, wie ihre jüngere Generation, sich dieser Zielsetzung anzuschließen vermochte, für den hatte die 1925-Verkündigung auch nur einen "untergeordneten" Stellenwert. Und was diejenigen anbelangte die das zu wörtlich nahmen. Sie mussten - versuchsweise - erstmal mit glatten Worten "bei der Stange gehalten" werden. Einen Einblick in diesen "Eiertanz" kann man auch im „Wachturm"-Jahrgang 1926 nehmen, der in Form einer Fragenbeantwortung zu Protokoll gab (S. 228):

*"Frage: Sind die alttestamentlichen Überwinder zurückgekehrt? Antwort: Gewiss sind sie nicht zurückgekehrt. Niemand hat sie gesehen und es wäre töricht, eine solche Ankündigung zu machen. Es wurde in dem 'Millionen'-Buch erklärt, dass wir vernünftigerweise erwarten mögen, dass sie kurz nach 1925 zurückkehren würden, aber dies war nur eine zum Ausdruck gebrachte Meinung; außerdem ist es erst kurz nach 1925.*

*Es gibt keinen guten Grund, warum wir erwarten sollten, dass die alttestamentlichen Überwinder zurückkehren sollten, bevor die Kirche vollendet und das Werk der Kirche auf Erden getan ist. Zur jetzigen Zeit ist das Werk nicht vollendet, und es ist offenbar, dass viele Glieder des Leibes noch hier sind.*

*Frage: Hörte das Werk der Kirche im Oktober 1925 auf, wie einige behaupten, oder gibt es sonst noch etwas zu tun? Antwort: Das Werk hörte im Jahre 1925 nicht auf, und es geht noch voran. … Einige Irregeführte in der Schweiz fassten den Gedanken, dass das Werk 1925 zu Ende gegangen sei, dass nur ein kleiner Überrest der Geweihten innerhalb der Hürde sei, und dass ein jeder, der mit diesem Gedanken nicht übereinstimmt, draußen sei.*

*Natürlich ist ein solcher Gedanke töricht; er ist das Resultat eines gestörten Sinnes und nicht das Resultat einer aufrichtigen Erwägung des Wortes Gottes.*

*Es findet sich nichts in der Schrift, dass darauf hinweist, dass der Herr seiner Kirche enthüllen wird, wie bald das Werk enden wird, aber ein jeder, der dem Herrn ergeben ist, sollte willig und begierig sein, mit Eifer voranzustreben und mit all seiner Macht zu tun, was seine Hände vorfinden zu tun, bis der Herr sagt, es ist genug. Möge niemand gestört werden durch die törichte Ankündigung, die von einem oder zwei irregeleiteten Brüdern ausgegeben worden ist, dass die alttestamentlichen Würdigen im Jahre 1925 zurück waren, und dass das Werk der Kirche dort aufhörte, und das alle, die nicht mit ihnen übereinstimmen, draußen sind. Der Herr ist noch imstande, seine eigenen Angelegenheiten zu überwallten und sein Werk in seinem eigenen guten Wege hinauszuführen ohne die zum Ausdruck gebrachte Weisheit einiger selbstgemachter 'Weisen'".*

## Zwei Drittel neu hinzugekommen

Das kritische Jahr 1925 war vorüber. Es hatte als Aufputscheffekt nochmals neue Höchstzahlen beschert. Die Bibelforscherorganisation bestand weiter. Es zeigte sich, dass die Enttäuschung über die nicht erfüllten Erwartungen insbesondere in der älteren Generation zu lokalisieren war. Die Jungen ließen sich noch weiter motivieren. Die Weltverhältnisse waren nicht so, als das sie nicht trostbedürftig wären. Mag dieser Trost auch Opiumcharakter gehabt haben. Wenn es 1925 "noch" nichts wurde, dann sicher "bald", "demnächst" war die vorherrschende Meinung. Die Wachtturmgesellschaft hatte damit den Freibrief erhalten, zum Weitermachen. Die paar aus der älteren Generation die da nicht mehr mitzumachen bereit waren, konnte sie durchaus verkraften.

Schon in der ersten "Wachtturm"-Ausgabe des Jahres 1926 wird die zahlenmäßige Gewichtung dieser Sachlage thematisiert. Man konnte dort lesen (S. 6):

*"Einige dachten, dass das Werk der Kirche 1918 beendet würde. Die Tatsachen zeigen, dass seitdem ein größeres Zeugnis für die Botschaft des Herrn gegeben worden ist als vor 1918. In dem Jahre 1925 haben, wie die Berichte zeigen, reichlich 25 000 Personen mehr an dem Gedächtnismahl teilgenommen als in irgend einem vorhergehenden Jahre. Bei der Hauptversammlung der Gesellschaft in Columbus, Amerika im Jahre 1924, wurde als Antwort auf eine Frage von der vollen Hälfte dieser Menge erklärt, dass sie seit 1918 zu einer Kenntnis der Wahrheit gekommen war. Auf der Hauptversammlung in Magdeburg im Jahre 1925 wurde eine gleiche Frage einer Zuhörerschaft von über 12 000 vorgelegt und volle zwei Drittel von ihnen erklärten, dass sie seit 1922 zu einer Kenntnis der Wahrheit gekommen waren. Es wurde besonders bemerkt, dass unter ihnen eine große Zahl junger Männer und Frauen waren. Viele derer, welche dazu gebraucht wurden, die Wahrheit vor 1918 zu verkündigen,*

*haben sich abgewandt, oder haben in ihren Bemühungen nachgelassen."*

Man könnte die damaligen Endzeitthesen vielleicht als "heilige Einfalt" abtun. Man sollte aber auch beachten, dass damit sehr wohl auch praktische Verhaltensregeln verbunden waren. So widmete sich das "Goldene Zeitalter" (Schweizer Ausgabe 1926 S. 142) in der Form einer Fragenbeantwortung dem Aspekt, ob Christen beispielweise sich eigene Häuser bauen sollten. Man räumt zwar ein, dass es Situationen geben könne, wo das unumgänglich sei; jedoch die Grundtendenz der Antwort wies in eine ganz andere Richtung. In ihr hieß es:

*"Die Nachfolger Christi sind 'Fremdlinge' auf Erden und werden als solche sicherlich nicht auf fremden Grunde bauen. Wenn wir damit auch in erster Linie sagen möchten, dass die Jünger des Herrn nicht wandeln 'nach der Weise dieser Welt', sondern in geduldigem Ausharren Gottes gerechten Willen zum Herzen machen und zwar unter allen Umständen und unter allen Verhältnissen, so glauben wir doch in unserer Zeit den ... erwähnten Gedanken auch auf das Bauen von menschlichen Wohnstätten ausdehnen zu dürfen. Ein jeder, der wiedergeboren ist zu einer lebendigen Hoffnung, zu einem unvergänglichen, im Himmel aufbehaltenen Erbe, ist sich heute bewusst, dass die Tage seiner Fremdlingsschaft gezählt sind, dass gar nahe herbeigekommen ist das Reich und die Zeit der Belohnung für die Treuen. - Sein Eifer, seine Liebe, sein Interesse gilt daher vornehmlich der Verkündigung des Reiches der Himmel. Es bleibt ihm weder Zeit noch Lust zum Häuser bauen."*

## Pyramide

Ein skurriles Ereignis gilt es noch am Rande mit zu vermerken. Zur Stützung seiner Theorien hatte Bibelforschergründer Russell auch die zu den sogenannten Weltwundern gehörende Pyramide zu Gizeh in Ägypten herangezogen.

Beginnend mit der (deutschen) Ausgabe vom 15. 11. 1924 (bis einschließlich Jahresende) wurde in der Zeitschrift "Das Goldene Zeitalter" ein umfangreicher Fortsetzungsartikel zum Thema der Pyramiden von Gizeh veröffentlicht. In jener 1924-er Artikelserie sind noch einmal in konzentrierter Form

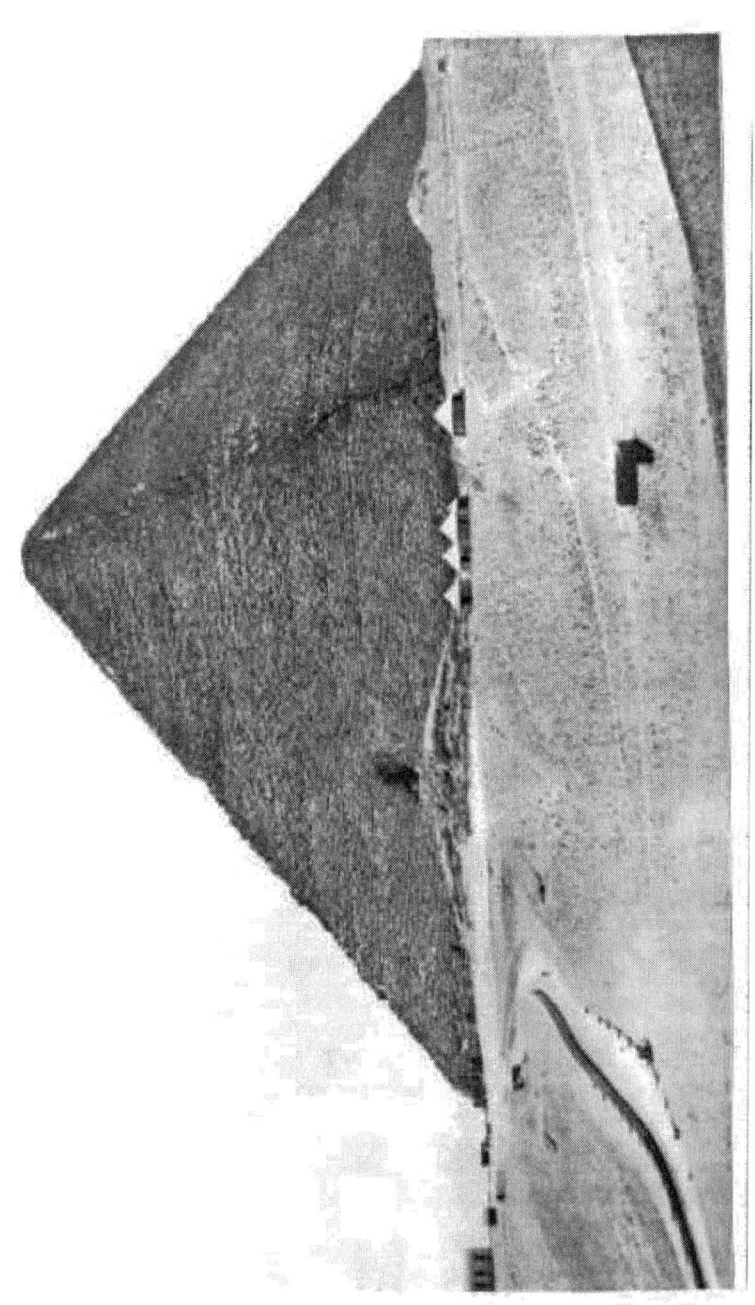

die Vorstellungen und Deutungen der Bibelforscher zum Thema Pyramide enthalten.

Etwas "leichtverständlicher", weil von der Tendenz als "kindgerecht" beabsichtigt, sind die Ausführungen in dem 1924 veröffentlichten Buch von E. W. Van Amburgh "Der Weg zum Paradies", zu dem Rutherford höchstpersönlich ein Vorwort schrieb. Van Amburgh bemühte sich darin also, die Bibelforscherlehren besonders Kinder und Jugendlichen plausibel zu machen. Auch der Pyramidenkomplex gehörte dazu, zudem er schrieb (S. 146, 147):

*"Wir halten hier einen Augenblick inne, um einen Blick auf die Große Pyramide von Gizeh in Ägypten zu werfen, die schon bei den alten Völkern als ein Weltwunder betrachtet wurde. Dieses große und wunderbare Bauwerk umfasst nahezu 52000 Quadratmeter und ist, was seine Lage, seine Form und seine Größe sowohl, wie auch seine innere Einrichtung anbetrifft, dass merkwürdigste Bauwerk in der Welt. Seine Oberfäche ist heute roh und sehr unscheinbar, ist aber einstmals mit fein poliertem Marmor bekleidet gewesen, der in der Sonne wie Glas schimmerte. Es ist sehr wahrscheinlich, dass Sem, der Sohn Noahs, ein treuer Diener Gottes, mit dem Bau der Pyramide beauftragt worden war. In der Pyramide entdeckte die Wissenschaft einige der tiefsten Geheimnisse der Geometrie, der Geographie und der Mathematik. Auf eine eigene, besondere Art legt die Pyramide denselben Plan Gottes dar, den wir in der Bibel aufgezeichnet finden, und gibt Jahrtausende im Voraus genaue Zeitpunkte für die hervorragendsten Ereignisse der Weltgeschichte an. Sie zeigt uns das Datum des Auszuges der Kinder Israel aus Ägypten und das Datum der Geburt und des Todes Jesu. Sie gibt uns als das Datum der französischen Revolution das Jahr 1799 an und als das des großen Weltkrieges das Jahr 1914 und vieles mehr."*

Mehr für die Erwachsenen waren die genannten Detailerläuterungen im 1924-er "Goldenen Zeitalter" gedacht. Nachstehend sei auch aus ihnen zitiert:

*"Es gibt heute viele, die die Bibel verwerfen und behaupten, es gäbe keine Beweise dafür, dass sie göttlichen Ursprungs ist. Sie reden sich selbst und anderen ein, dass die Bibel nur eine Sammlung von alten Fabeln und Überlieferungen ist, die in ersten Dämmerschein der Intelligenz zusammengetragen wurde, und das sie darum für die sogenannte fortgeschrittene Weisheit unserer Tage nichts Anziehendes*

und Interessantes biete. Archäologische Funde beleuchten jedoch immer mehr bisher rätselhafte Schriftstellen, und regen zu erneutem Studium des geschichtlichen Teiles der Bibel an. Entdeckungen und Erfindungen auf technischem Gebiet bestätigen die Wahrhaftigkeit der Visionen der Propheten alter Zeit. Das Auto und die Eisenbahn können leicht als die 'Wagen glänzend wie Stahl' erkannt werden, die der Prophet Nahum in einer Vision 'auf den Straßen rasen' und 'wie Blitze daherfahren' sah. Die Leistungen auf dem Gebiet der Radiotechnik sind Wunder, die vor unseren Augen geschehen.

Es wird für die meisten unserer Leser interessant sein, zu hören, dass die uns allen bekannte Bibel in Wirklichkeit den zweiten Zeugen darstellt, der den Beweis ihrer göttlichen Inspiration erbringt; und das Jehova überdies noch einen andern, noch älteren Zeugen seines göttlichen Vorherwissens und seiner Überwaltung der menschlichen Angelegenheiten auf den Schauplatz treten ließ.

Dies alles fand man niedergeschrieben in der 'wissenschaftlichen Bibel'. Sogar der Zeitpunkt, da Moses das Volk Israel aus Ägypten führte, wurde 400 Jahre vor seiner Geburt darin verzeichnet. Zahlreiche bedeutsame Geschichtsdaten finden wir dort angegeben, sogar den Beginn des Weltkrieges 1914; ebenso ist das Jahr 1925 besonders verzeichnet.

In Daniel 11: 29-45 finden wir unzweideutig Napoleons Laufbahn skizziert. In Vers 29 lesen wir: 'Zur bestimmten Zeit wird er (Napoleon von Frankreich als dem Königreich des Nordens) wiederkehren und gegen den Süden (Ägypten) ziehen, aber es wird nicht sein wie das frühere (der Krieg unter Markus Antonius) noch wie das spätere (unter Aurelian). Denn Schiffe von Kittim (England) werden wider ihn kommen und er wird verzagen und umkehren' (engl. Übersetzung).

Die von Admiral Nelson befehligte englische Flotte griff Napoleon in der Aboukir Bay im August 1798 'zur bestimmten Zeit' an und bereitete diesem Welteroberer eine große Niederlage, dass er, wie der Prophet voraussagt, bald darauf verzagt wieder nach Frankreich zurückkehrte.

Der geschätzte Leser wird nun sicher wünschen, näheres über diese sonderbare Wissenschaftler-Bibel zu hören, von der bis jetzt anscheinend kein Mensch etwas wusste. Die wissenschaftliche Bibel darf mit Fug und Recht als die Bibel

Nr. 1 oder die erste Bibel bezeichnet werden, da sie um einige hundert Jahre älter ist als die geschriebene. Es ist die große Pyramide von Gizeh in Ägypten. Sie ist die wunderbare Steinbibel der Wissenschaftler. Sie redet zu uns durch ihre geographische Lage, ihre innere Einrichtung, ihre Maße und ihre Neigungswinkel, durch ihre Gänge und Kammern und durch ihr Baumaterial, durch die graniten Wände der Königskammer und die marmonen der Königinskammer, durch die besonderen Eingänge zu beiden Seiten, durch die an verschiedenen Stellen eingefügten Steine, die so angebracht sind, dass sie Ereignisse und Daten bezeichnen. Jeder Fachkundige und Gelehrte bezeichnet diese Pyramide als ein Meisterwerk ohnegleichen, dass heute mit all unseren Errungenschaften der Technik nicht hergestellt werden könnte.

Obwohl sie von Menschen erbaut ist, so liegt doch auf der Hand, dass kein menschliches Wesen ihr Entwerfer, ihr Baumeister sein konnte; denn kein Mensch konnte zu jener Zeit das gewusst haben, was durch sie demonstriert und gezeigt wird, es sei denn durch göttliche Inspiration.

Die Pyramide steht auf einem Felsplateau, westlich vom Nilufer, in einer Entfernung von annähernd acht Meilen von Kairo in Ägypten und 110 Meilen vom Meere. Die alten Geschichtsschreiber Herodotus und Strabo schildern sie als ein prachtvolles, mit polierten Marmorsteinen bedecktes Bauwerk, das in den Strahlen der Sonne schimmert wie ein Berg von Glas. Alten Überlieferungen zufolge sollte diese Pyramide unermessliche Schätze enthalten, die von früheren Königen darin verborgen wurden. In diesem himmelanstrebenden Bauwerk befand sich ein verborgener Eingang auf der Nordseite, der so geschickt angebracht war, dass derselbe vom Boden aus gar nicht wahrgenommen werden konnte. Man nannte die Große Pyramide an erster Stelle unter den sieben Weltwundern des Altertums. In ihrer schlichten Einfachheit und Schönheit verblieb sie während nahezu 3000 Jahren so stumm wie die neben ihr stehende Sphinx und anscheinend nutzlos. Etwa um das Jahr 820 n. Chr. beschloss ein arabischer Kalif, Al Mamoun, sich ihrer verborgenen Schätze zu bemächtigen.

Erst im 19. Jahrhundert kamen einige Gelehrte auf den Gedanken, dass die Große Pyramide wissenschaftliche Geheimnisse bergen könnte. Im Jahre 1799 begannen einige französische Forscher, die Napoleon auf der ägyptischen

Expedition begleiteten, die Große Pyramide zu untersuchen.
... Colonel Howard Vyse beschäftigte im Jahre 1837 mehrere hundert Arbeiter bei den Räumungsarbeiten an der Pyramide. Colonel Vyse veröffentlichte drei ziemlich umfangreiche Bände unter dem Titel 'Operations of the Pyramid of Gizeh' (Arbeiten bei den Pyramiden von Gizeh); dieselben riefen großes Interesse hervor und regten andere zu weiteren Forschungen an. Im Jahre 1859 gab John Taylor ein Werk heraus unter dem Titel: 'The Great Pyramid; why was it built? and who built ist?' (Die Große Pyramide; warum und von wem wurde sie gebaut?) Er war der Erste, der den Gedanken aussprach, die Pyramide könne vielleicht göttlichen Ursprungs sein. Kurz vor seinem Tode vermochte er Professor C. Piazzi Smyth, Schottland, für dieses Bauwerk zu interessieren.

Im Jahre 1864-1865 brachte Professor Smyth mehrere Monate bei der Großen Pyramide zu. Er stellte zahlreiche Messungen und astronomische Berechnungen an, die er in drei Bänden mit dem Titel: 'Life and Work of the Great Pyramid' (Leben und Arbeit bei der Großen Pyramide) veröffentlichte. Ferner schrieb er: 'Our Inheritance in the Great Pyramid' (Unser Erbe in der Großen Pyramide). Auch später besuchte er die Pyramide noch öfters, um weitere Messungen anzustellen und sich von der Richtigkeit der früheren zu überzeugen; seine astronomischen Berechnungen erfuhren in der Folge in einigen Punkten kleine Verbesserungen.

William Petrie, der Vater von Professor Flinders Petrie, kam zuerst auf den Gedanken, dass der 'Giebelstein' der an sich eine kleine Pyramide bildete, die Gestalt und Winkel für den Gesamtbau bestimmte, in gewissem Sinne Christus darstellen könnte. In Hiob 38: 4-7 ist der 'Eckstein' erwähnt ... Um das Jahr 1881 herum gab Professor Flinders Petrie, nachdem auch er die Pyramide erforscht und umfassende Messungen, vorwiegend der oberen Teile der Pyramide vorgenommen hatte, sein denkwürdiges Werk 'The Pyramids and Temples of Gizeh' (Die Pyramiden und Tempel von Gizeh) heraus. Auch er schilderte voller Begeisterung den meisterhaften Bau, die Dichte der Verbindungen der Steine untereinander, die Genauigkeit der einzelnen Winkel, die in dem ganzen Bau zutage tritt. Obige Bücher sind nicht mehr erhältlich und sind leider nur noch in einigen Privat-

*bibliotheken zu finden.*

*Im Jahre 1893 erschien ferner ein Buch des bekannten amerikanischen Schriftstellers C. T. Russell, unter dem Titel: 'Dein Königreich komme'. Professor P. Smyth's Werk 'Unser Erbe in der Großen Pyramide' hatte einen derartigen tiefen Eindruck auf ihn gemacht, dass er den theologischen Lehren, die in der Pyramide enthalten sind, ein Kapitel in seinem oben erwähnten Buche widmete. Ein Freund, der von dieser Absicht hörte, ersuchte ihn um die Erlaubnis, dass Manuskript dieses Kapitels über die Große Pyramide vor seiner Drucklegung zur Durchsicht vorlegen zu dürfen, was auch geschah. Professor Smyth sandte das Manuskript mit einem Brief zurück, aus dem wir folgendes hier anführen:*

*'Je mehr ich mich in diese Blätter vertiefte, kamen mir das Können und die Eigenart des Verfassers zum Bewusstsein und es gab nicht wenige Betrachtungen, von denen ich gern das Reproduktionsrecht hätte, um unter Namensangabe in meinem nächsten Werke über die Große Pyramide dieselben anzuführen … Ich bemerke ferner noch, dass der Verfasser, was die chronologischen Ausführungen über die verschiedenen Teile der Pyramide anbetrifft, vorzügliche und neue Gedanken zum Ausdruck bringt; insonderheit gilt dies von der ersten aufwärtsführenden Passage mit dem granitenen Pflock, an der großen Galerie, die das Leben Jesu darstellt, dem Parallelismus zwischen der Königskammer, die in Granit enthüllt, was in der Stiftshütte in Gold dargestellt ist und von der allgemeinen Bestätigung und wunderbaren Übereinstimmung der Bibel und der Großen Pyramide.'*

*Das Buch 'Dein Königreich komme' erregte in der Folge einerseits wiederum das lebhafteste Interesse von Professor Dr. med. John Edgar und seines Bruders Morton Edgar von Glasgow, Schottland. Diese beiden bedeutenden Forscher beschlossen, die von Pastor Russell aufgestellten Theorien an Ort und Stelle persönlich einer genauesten und kritischen Prüfung zu unterziehen. Mit den besten und modernsten wissenschaftlichen Instrumenten ausgerüstet, besuchten sie die Pyramide im Jahre 1909 und brachten dann zusammen viele Monate dort zu, wo sie mit unermüdlichem Fleiß ihre Studien betrieben und Messungen vornahmen, sowie die Aufzeichnungen der vorgängigen Forscher Colonel Vyse, Professor Smyth und Petrie nachprüften.*

*Überdies ließen sie die unteren Gänge mit beträchtlichen Kosten selbst von Schutt säubern und nahmen genaue Messungen von sämtlichen Gängen, Kammern und Winkeln vor, die sie in manchen Fällen dreimal überprüften, um ja jeden Irrtum zu vermeiden. Viele photographische Blitzlichtaufnahmen von allen Teilen der inneren Passage wurden gemacht, ebenso wurde das Äußere und die Umgebung der Pyramide auf das sorgfältigste gemessen und photographiert.*

*Mr. Morton Edgar besuchte in der Folge die Pyramide nochmals in den Jahren 1912 und 1914, um gewisse Züge, die nicht völlig klar waren, noch sorgfältiger zu prüfen. Die Ergebnisse dieser beiden aufopfernden Forscher sind in dem bedeutendsten Pyramidenwerk 'Great Pyramid Passage' (Gänge der Großen Pyramide) in drei Bänden zusammengefasst. Der erste enthält zahlreiche Photographien, Zeichnungen und erklärt den Symbolismus der Pyramide; der zweite behandelt hauptsächlich die chronologischen Züge und der dritte befasst sich mit den in diesem Wunderbau verborgenen wissenschaftlichen Lehren. Diese 3 Bücher müssen ohne weiteres zu den gründlichsten und hervorragendsten Abhandlungen gezählt werden, die jemals über die Große Pyramide geschrieben wurden. Mit der gütigen Zustimmung und unter bester Verdankung an Herrn Morton Edgar sind wir in der glücklichen Lage, dem geschätzten Leser des 'G. Z.' einige dieser Illustrationen vorlegen zu können.*

*Professor Smyth war der erste, der auf den Gedanken kam, dass der Erbauer der Pyramide möglicherweise das Geheimnis des Datums ihrer Erbauung in ihrer geometrischen Lage und dem Neigungswinkel der Passagen niedergelegt haben könnte, seine erste Berechnung ergab das Jahr 2170 v. Chr.; doch bei späterer Nachprüfung und Nachmessungen erwies sich das Jahr 2140 v. Chr. als das richtige Datum. Das Jahr 2140 v. Chr. war nur 332 Jahre später als die Sinflut und 18 Jahre vor dem Tode Noahs und zwanzig Jahre nach der Geburt Abrahams. Sem, der Sohn Noahs, wird von einigen Geschichtsforschern für den König Melchisedek von Salem, dem späteren Jeru-Salem gehalten, der Abraham segnete, als dieser auf dem Rückweg in seine Heimat war, nachdem er die Könige, die den ersten 'Völkerbund' gebildet hatten, geschlagen hatte (1. Mose 14).*

**44**

Es wird angenommen, dass Sem, der König Melchisedek, auch der Erbauer der Pyramide gewesen ist und diese Annahme ist in verschiedener Hinsicht nicht unbegründet. Zunächst wollen wir die auffallende Lage der 'Bibel in Stein', wie Dr. Seiß die Pyramide so trefflich benennt, betrachten. Im Jahre 1868 sandten die Vereinigten Staaten Amerikas Mr. Henry Mitchell, Chef des Küstenvermessungsamtes, nach Ägypten, um über die Arbeiten am Suezkanal Bericht zu erstatten. Bei dieser Gelegenheit nahm er eine Vermessung der Küste Ägyptens vor und war überrascht von der Kreisförmigen Gestalt der Küstenlinie des Nildeltas. Er stellte eine sorgfältige Untersuchung an und fand einen beinahe vollkommenen Viertelkreis, dessen Abschluss die das Unterland einsäumenden Hügelketten bildeten und in der Nähe von Kairo zusammentrafen. Bei genauer Messung fand er, dass die Große Pyramide genau die Spitze dieses natürlichen Winkels bildete. Seine Überraschung war nicht gering und mit Recht fragte er sich, wer der Schöpfer dieser erstaunlichen Anlage sei. Dieses majestätische Bauwerk steht auf einer felsigen Hochebene und überblickt ganz Unterägypten. Mitchell war über diese Entdeckung so erstaunt, dass er erklärte: 'Diese Denksäule befindet sich in einer wichtigeren geographischen Lage als irgend ein anderes von Menschen errichtetes Bauwerk.' Man kann sagen, dass es im Mittelpunkt und gleichzeitig an der Grenze Ägyptens steht. Vor 2500 Jahren schrieb der Prophet Jesaja: 'An jenem Tage wird inmitten des Landes Ägypten ein Altar dem Herrn Jehova geweiht sein, und eine Denksäule ruhe an seiner Grenze dem Jehova; und das wird zu einem Denkzeichen und zu einem Zeugnis sein dem Jehova der Heerscharen im Lande Ägypten.' - Jesaja 19: 19, 20.

Eine der ersten wissenschaftlichen Züge, der in der Großen Pyramide entdeckt wurde, war, dass sich ihre Höhe zu der Länge von zwei ihrer Seiten an der Grundlinie (Basis), wie 1 zu 3,14159 verhält ...

Damit der geschätzte Leser sieht, dass die hierin gegebenen Darlegungen und Messungen nicht auf bloßen Vermutungen beruhen, führen wir nachfolgend noch einen Abschnitt aus dem Werk 'Pyramid Passages' an:

'D. J. Seiß weist in seinem Werk 'Miracle in Stone' (Das Wunder in Stein) viel auf den in der Pyramide zum Ausdruck gebrachten biblischen Symbolismus hin. Und der bekannte Schriftsteller C. T. Russell widmet in seinem Buche

*'Dein Königreich komme' der wunderbaren Harmonie zwischen der Bibel und der Großen Pyramide in theologischer wie in chronologischer Beziehung ein ganzes umfangreiches Kapitel. ... Hier ist wiederum das Jahr 1914 klar angedeutet und in Verbindung damit das Jahr 1925, auch ein von der Bibel als bedeutsam angegebenes Jahr."*

Wenige Jahre später, wollte die gleiche Organisation von der von ihr einst hochverehrten Pyramide nichts mehr wissen. Noch im "Goldenen Zeitalter" von 1926 (S. 287) hatte man sich euphorisch zum Thema Pyramiden verbreitet. Man konnte dort lesen: *"In den Pyramiden steht die Zukunft der Welt geschrieben. Ein gelehrter Londoner Ägyptologe, der sich, wie die Blätter erklären, internationalen Ansehens als Forscher erfreut, der aber gleichwohl in dieser Sache nicht mit seinem Namen hervortritt, hat erklärt, dass er in den Pyramiden Fingerzeige gefunden habe, um die großen Ereignisse vorauszusagen, die in Zukunft das Gesicht der Welt verändern würden. In der Londoner Zeitung die diese Notiz wiedergibt, bestätigt ein Kapitän Seton Karr dem ihm befreundeten Gelehrten, dass er den Weltkrieg viele Monate vor dem Ausbruch der Feindseligkeiten prophezeit habe. Außerdem habe er den genauen Termin vorausgesagt, an dem dann auch tatsächlich der Waffenstillstand abgeschlossen worden ist. Der Forscher gibt als Daten, die in Zukunft für den Ablauf der Geschichte eine große Bedeutung haben werden, den 11. Juli 1927, den 28. Mai 1928, sowie den 15. und 16. September 1936 an. Der Prophet teilt jedoch gleichzeitig mit, dass er nur die Daten dieser kommenden Ereignisse, nicht aber ihren Charakter voraussagen könne. Wir erinnern die Leser des 'G.Z' an ... Band 3 der Schriftstudien von Pastor Russell, wo sie nicht nur eine eingehende Beschreibung des Steinzeugen Gottes der Pyramide von Gizeh, sondern viele wertvolle Daten usw. vorfinden, die dem Christen beim Studium der Heiligen Schrift eine wertvolle Hilfe sind."*

Nachdem auch das Spekulationsdatum 1925 vorüber war, nicht jedoch die Datenspekulation in Bibelforscherkreisen, meinte Rutherford zu einer Art "Befreiungsschlag" ausholen zu sollen. Dazu nahm er insbesondere die Spekulationen zum Anlass, die auch seitens der Bibelforscher mit der großen Pyramide von Gizeh verbunden wurden.

In der "Wachtturm"-Ausgabe vom 15. 12. 1928 findet man eine diesbezügliche "Abrechnung". In ihr konnte man lesen:

*"Im Lande Ägypten, im nördlichen Teile Afrikas, steht ein großer Steinbau, der die 'große Pyramide von Gizeh' genannt wird. Seit dem letzten halben Jahrhundert ist manchen Erforschern des Wortes Gottes gelehrt worden, dass Gott durch seinen Propheten Jesaja in dem ... Text (Jes. 19:19) auf die große Pyramide Ägyptens Bezug nimmt, und sie haben dies geglaubt. Manche haben diesem Steinbau die Bedeutung zugemessen, dass er das Zeugnis vom göttlichen Plane bestätige, dass im Worte Gottes niedergelegt ist. Tatsächlich haben manche die Pyramide 'die Bibel in Stein' oder 'Gottes Steinzeuge' genannt. Einige haben an diesem Steinbau Berechnungen angestellt und mit ihrem eigenen Verstand die genaue Zeit berechnet, wo Gott seinen Plan zum Höhepunkt bringen würde. Durch gewisse Messungen und mathematische Berechnungen haben sie versucht, die genaue Zeit zu bestimmen, wo Gott alle seine Kinder von der Erde fortnehmen und im Himmel aufnehmen werde. Solche, die darauf ihr Vertrauen gesetzt haben, mussten Kummer und Enttäuschung erfahren. Wenn das erwartete, auf einen bestimmten Tag festgesetzte Ereignis nicht eintrat, machten die Pyramidenverehrer andere Messungen in ihr, mit deren Hilfe sie dann spätere Zeitpunkte festsetzten, und dann gründeten sie ihren Glauben auf solche Zeugnisse. ...*

*Die Sphinx ist zweifellos eine Darstellung des Teufels. Gewiss wird niemand behaupten, dass sie von der Hand Jehovas errichtet worden sei. Dort sitzt die Sphinx und scheint mit einer hochmütigen Miene als Mundstück des Teufels zu sagen: 'Ich habe die Christen erfolgreich hintergangen und ihre Gedanken von Gott abgewandt, und jetzt suchen sie Erkenntnis in diesem toten Steinbau.' ...*

*Es scheint, dass John Taylor, ein Engländer, im Jahre 1859 zum ersten Male die Behauptung aufstellte, die Pyramide von Gizeh vermittle wissenschaftliche Aufklärungen. ...*

*Wir wundern uns jetzt, weshalb wir jemals an die Pyramide von Gizeh geglaubt und Zeit auf deren Studium verwandt haben."*

Nach diesem "Befreiungsschlag" konnten sich gewisse "Bibelforscher" nunmehr gar nicht genug tun, sich als in Einklang mit diesen neuen Erkenntnissen darzustellen.

Wie in einem totalitären System üblich, sind auch diesbezüglich einige bemerkenswerte Purzelbäume von vormaligen Beifallsklatschern jener Lehre nachweisbar. Einer von jener Sorte himmelt seinen Chef Rutherford mit den Worten an ("Wachtturm" 1929, S. 78, 80):

*"Der Schreiber des Briefes hat seit mehreren Jahren viele Forschungen hinsichtlich der Pyramide von Gizeh angestellt. Er hat seinerzeit die mit Bezug auf die Pyramide gemachte Schlussfolgerung, wie sie in Band 3 der Schriftstudien veröffentlicht worden ist, stark unterstützt. Wie es bei allen aufrichtigen Menschen der Fall sein sollte, war er schnell bereit, die Pyramide zu verwerfen, als er erkannte, dass sie nicht schriftgemäß ist. Das vorgelegte Material liefert bestätigende Beweise dafür, dass der Steinbau auf Satans Geheiß erbaut worden ist."*

Dann wird ein Beifallsbrief an Rutherford zitiert in dem man lesen kann:

*"Lieber Bruder Rutherford!*
*Ich habe kürzlich den zweiten Teil des Artikels 'Der Altar in Ägypten' gelesen. Wenn der erste Teil für einige nicht völlig überzeugend gewesen sein sollte, so waren doch im zweiten Teil die Blitze Jehovas sehr klar erkennbar; dies ist für mich ein unumstößlicher Beweis, dass hinter dem Entwurf und dem Bau der großen Pyramide von Gizeh Satans Absichten verborgen liegen."*

Sich selbst beruhigt jener Briefschreiber dann noch mit den Worten:

*"Den einzigen zufriedenstellenden Grund, den ich dafür angeben kann, dass Gott gestattete, dass Pastor Russell die große Pyramide dem göttlichen Plane anpasste, ist erstens der, dass Gott des Teufels eigene Werke benutzte, um dessen Evolutionstheorie zu widerlegen; und zweitens damit zu jener Zeit, die für die Läuterung der Wahrheit bestimmt worden war, den Kindern Gottes zur Prüfung dienen möchte, auf das sie lernen würden, alle Dinge zu prüfen und das, was gut ist, festzuhalten."*

Es sollte aber noch "besser" kommen. Ein gewisser Fred W. Franz, später selbst noch zum Präsidenten der Wachtturmgesellschaft aufgestiegen, ließ in der "Wachtturm"ausgabe vom 1. 9. 1929 zum Thema Pyramide eine umfängliche pseudowissenschaftliche Abhandlung abdrucken, deren apologetischer Charakter, allerdings evident ist. Im Einzelnen konnte man dort lesen:

"Lieber Bruder Rutherford!

Von wem die 'große Pyramide von Gizeh' erbaut wurde, ist, wie Dir ja bekannt ist, bis jetzt noch nicht festgestellt worden. Dem Pyramidenbau wurde aber durch die Annahme, dass die Erbauer wahrscheinlich geheiligte Charaktere der Bibel gewesen seien, ein heiliger Anstrich gegeben. Man braucht nur aus Band III der Schriftstudien, Seite 312, Absatz 2, und Seite 315, Absatz 1, folgendes als Beispiel anführen:

'Man hat sich ausgedacht (also lediglich eine Annahme), dass Melchisedek, obwohl selbst kein Ägypter, ägyptische Arbeiter zu dem Bau der großen Pyramide verwandte ... Zu diesen Hyksos oder friedlichen Königen, so nimmt man an (also nicht durch Gottes Wort bestätigt), gehörte auch Melchisedek, und sie, denkt man sich (der Beweis ist also nie geliefert), seien die Erbauer der großen Pyramide - des Altars und 'Zeugen' Gottes im Lande Ägypten gewesen.

Manetho, ein ägyptischer Priester und Schriftgelehrter, wird von Josephus und anderen in folgenden Worten angeführt: Wir hatten vordem einen König mit Namen Timaus. Zu seiner Zeit geschah es, ich weiß nicht wie, dass die Gottheit uns zürnte; und da kamen in einer sonderbaren weise vom Osten her Leute von unedler Rasse (keine Krieger), Hyksos, welche die Kühnheit hatten, in unser Land einzudringen und es durch ihre Macht ohne eine Schlacht auf leichte Weise zu unterwerfen. Und als sie unsere Herrscher in ihrer Hand hatten, zerstörten sie die Tempel unserer Götter.'

Über Melchisedek sagt das Buch "Regierung" auf Seite 42 oben folgendes:

'Da doch Gott von allüberlegener Macht ist und Melchisedek Priester des Höchsten war, warum übte nicht Melchisedek seine ihm von Gott verliehene Macht aus... um die vom Teufel beherrschten Könige (von der Art wie die Herrscher Ägyptens) zu stürzen? Die Antwort ist, dass Gott nicht beabsichtigte, Satans Macht schon zu jener Zeit zu vernichten.'

Dieser eben angeführte Umstand würde wohl nicht die Annahme gestatten, dass Melchisedek zu den Hyksos gehörte, von denen der heidnische Priester Manetho berichtet, dass sie in Ägypten einfielen und seine Herrscher unterwarfen und beherrschten.

49

Hier entsteht nun die Frage: Wer sind die Hyksos, und gibt die Geschichte irgendwelche Berechtigung, eine heilige Persönlichkeit der Bibel (Melchisedek oder einen anderen Diener Jehovas) den Hyksos auch nur beizuzählen? Darüber bringen die nachfolgenden Auszüge aus weltlichen, autoritativen Schriften einiges von Interesse:

*'Die Hyksos waren, wie die ägyptischen Aufzeichnungen angeben eine kriegerische Nomadenrasse des Ostens, die unter Salatis, ihrem ersten Könige, Memphis einnahmen und ganz Ägypten tributpflichtig machten. Ihr Name hat wahrscheinlich die Bedeutung 'fremde Könige', während die Erklärung Hirten-Könige späteren Ursprungs ist. Die Zeit ihres Einfalls und ihrer Eroberung war etwa 1 700 v. Chr. (oder 270 Jahre nach dem Tode Sems und 245 Jahre nach dem Tode Abrahams) und die Zeit ihrer Vertreibung etwa 1600 v.Chr. (oder etwa zur Zeit der Auswanderung der Israeliten aus Ägypten. ...*

*Sie bedienten sich ägyptischer Sitten, und sechs ihrer Monarchen wählten ägyptische Namen ... Der einzige ausführlichere Bericht den wir von allen Geschichtsschreibern im Altertum kennen, ist ein unzuverlässiger Bericht eines verlorenen Werkes Manethos, den Josephus in seiner Erwiderung an Apion gebraucht.'* - The Americana vol. 14.

*'Pharao ist der hebräische Name' der den Königen Ägyptens in der Bibel gegeben wird, und der dem Per-o (Großes Haus) Ph-ra oder P-ra der ägyptischen Hieroglyphen (die Sonne bezeichnend) entspricht.*

*Der Pharao zur Zeit Abrahams (1. Mose 12:10) (man nimmt an, es sei Osirtesen I gewesen) und zur Zeit Josefs (welcher der nach Minister von Apophie II, Aa-Kendn-Ra. war) waren wahrscheinlich die Hirtenkönige oder Hyksos.'* The Americana, Band 21.

Diesen Auszügen aus The Americana nach zu urteilen könnten also weder Sem noch Melchisedek den Hyksos zugezählt werden; wenn die Hyksos aber tatsächlich die Pyramide gebaut haben, wie man angenommen hat, dann machen schon die geschichtlichen Beweise ganz allein es zur Gewissheit, dass weder Sem noch Melchisedek sie bauten.

*Da nun Christus Jesus sich selbst den 'guten Hirten' nennt, so könnte der Ausdruck 'Hirten-König' etwa einen guten König, einen Diener des großen Hirten, Jehovas bezeichnen;*

und wenn nun angenommen wurde, dass ein solcher Hirtenkönig der Erbauer der großen Pyramide gewesen wäre, dann würde jener Bau eine gewisse Heiligkeit annehmen, die von Bibelforschern berücksichtigt werden müsste. Kürzlich wurde ich aber hinsichtlich der Ableitung des Wortes Pharao auf folgendes aufmerksam gemacht. Die Bedeutung, die diesem Worte gewöhnlich zugeschrieben wird, ist 'das große Haus' und außerdem 'Sonne'; Funk & Wagnalls Standard Dictionary sagt hierüber folgendes:
'Das ägyptische Wort Per-aa bedeutet 'das große Haus' d.h. der königliche Palast, nämlich per für Haus oder Wohnung und aa für groß. Dies war die zeremonielle Bezeichnung für die Person des Könige. Das hebräische Wort Phar-o ist eine semitische Übertragung des ursprünglichen ägyptischen Wortes und kam ohne Zweifel seit der Zeit der Wanderung und Gefangenschaft in Gebrauch. In der koptischen Sprache stehen die beiden ersten Buchstaben für sich um als Geschlechtswort zu dienen.'
Ich war nun auf höchste überrascht, folgende Erklärung des tiefen Forschers der hebräischen Sprache und der alten babylonischen Sprache, Alexander Hislops, zu lesen:
'Der wohlbekannte Name Pharao, der Titel der Priesterkönige Ägyptens ist einfach die ägyptische Form des hebräischen Wortes Phe-Roe. Pharao in 1. Mose, ohne den Akzent ist 'Phe-Roell, Phe ist das ägyptische Geschlechtswort. Die Hirtenkönige waren die Ägypter nicht ein Greuel, sondern die Roi-Tzan' die 'Viehhirten'. (1. Mose 46:34) Ohne den Artikel ist Roe, ein 'Hirte' offenbar das Grundwort, von dem das französische Wort 'Roi,' ein König, und das Beiwort 'royal' (königlich) kommt; von Roh, mit der Bedeutung 'als Hirte tätig zu sein', und das häufig 'Reg' ausgesprochen wird (mit ch, was bedeutet: 'Er, der ist' oder ausgesprochen wird (mit oh, was bedeutet: 'Er, der ist' oder "der handelt', hinzufügt), kommt das Wort 'Regch', mit der Bedeutung 'er, der als der Hirte tätig ist', wovon das lateinische Wort 'Rex' und das englische Beiwort 'regal' abstammt ...
Die chaldäischen Beschwörer und Priester hatten bei der Verrichtung ihrer Zauberriten meistens einen Hirten- oder Krummstab. Die Benutzung dieses magischen Hirtenstabes kann direkt auf den ersten König Babylons zurückgeleitet werden; d.h. also auf Nimrod der, wie von Berosus ("Altertümliche chaldäische Geschichte") berichtet wird,

*der erste war der den Titel 'Hirtenkönig' führte. Im Hebräischen oder Chaldäischen der Zeit Abrahams ist Nimrod der Hirte einfach Nimrod 'Hä-Roe' (Pharao); von diesem Titel des 'gewaltigen Jägers vor Jehova' kommen ohne Zweifel sowohl das englische Wort 'hero' Held (im Deutschen: heroisch, Heroismus, Heroin), wie auch alle 'hero-worship' (Heldenverehrung), die seitdem die ganze Welt überflutet hat.* - "The Two Babylons", Seite 218, Fußnote und Seite 217.

Nach diesem hier zuletzt angegebenen Auszuge waren die Hyksos einfach Nachkommen Nimrods des ersten heidnischen Könige und Gründers Babylons, und als solche wären sie in der Tat besonders geeignet dafür gewesen, jenen abgöttischen Bau, die große Pyramide von Gizeh zu errichten; die große Pyramide erinnert sehr an die hängenden Gärten Babylons. Es scheint, dass die Verehrer der großen Pyramide der Klasse der "hero" (Helden)-Anbeter zugerechnet werden müssen.

In Wertschätzung Deines treuen Kampfes für den einmal den Heiligen überlieferten Glauben, verbleibe ich

Dein Bruder im Dienste des Herrn

Fred W. Franz, N.Y."

Nach soviel Pseudowissenschaftlichem Palaver, von dem die einfachen Bibelforscher ohnehin kaum etwas verstanden haben dürften, war die "Kröte" geschluckt. Die Pyramidenlehre war zu den Akten gelegt.

Es traf die Bibelforscher hart. Viele von ihnen hätten liebend gern weiter an die Pyramide und ähnliches geglaubt. Aber nun war ihnen das von oberster Stelle madig gemacht worden. Für die Bibelforscherleitung war diese Kurskorrektur eine Notwendigkeit. Wäre sie nicht erfolgt, bestände ein weiterer Grund, die ganze Bewegung der Lächerlichkeit preiszugeben. Nur, nicht jeder war bereit dem neuem Führer Rutherford in allem blind zu folgen. Und so separierten sich dann auch einige Splittergruppen. Und bemerkenswert. Gerade dort feierte die Pyramidentheorie und verwandtes wieder fröhlichen Urstand.

Ein Beispiel, das

## Leipziger Leipziger Völkerschlachtdenkmal

Bekanntlich hatte es Russell die große Pyramide zu Gizeh angetan, die er denn auch prompt in seine Theologie mit einbaute und glaubte verkünden zu können, er könne sein 1914-Datum auch aus den Pyramidenmaßen entnehmen. Offenbar dachten einige deutsche Bibelforscher, so ungefähr ab 1916, dass Leipziger Völkerschlachtdenkmal in gleicher Weise symbolträchtig vermarkten zu können. Eine Vorlage dazu hatte ihn ja Russell selbst mit seiner Pyramidentheorie geliefert. Und so berichtete der deutsche "Wachtturm" im Jahre 1919 (S. 195) über eine Bibelforscherveranstaltung:

*"Am Sonnabendvormittag, dem 2. Tage, versammelten sich ein großer Teil der lieben Geschwister zu einer Betrachtung des Völkerschlacht-Denkmals als der in Jesaja 19, 19 erwähnten Denksäule Jehovas. Orgelspiel, Geigenspiel und Sologesang, vor allem aber die wunderbaren Erläuterungen der Symbolik dieser Denksäule, sowohl vor als auch in derselben durch Bruder A. Decker erfreuten alle Herzen. Der Erbauer des Denkmals, Geheimrat Thieme, war mit seinen beratenden Architekten selbst zugegen um freundlichst die Führung zu übernehmen und seinerseits Erläuterungen zu geben. Auch diese Herren der Erbauer besitzen die 6 Bände (der Russellschen 'Schriftstudien'), lauschten interessiert unseren Erklärungen."*

Im Jahre 1922 führte Rutherford eine Europareise durch. Am 29. Mai machte er unter anderem in München Station, um dort in einer großangekündigten Veranstaltung im Gebäude des Zirkus Krone für Aufsehen zu sorgen. Der Nazifunktionär Alfred Rosenberg hatte jene Münchner Veranstaltung auch besucht und anschließend daran, publizistisch darüber berichtete.

Zu Pfingsten 1922 machte Rutherford dann in Leipzig Station, woselbst die Bibelforscher ihre Generalversammlung abhielten. Hier sollten auch die deutschen Bibelforscher erstmals kennenlernen, was es mit dem Spruch "Schluss mit lustig" so auf sich hat. Offenbar war die Völkerschlacht-denkmaltheorie speziell von deutschen Bibelforschern entwickelt worden, nach dem Tode Russells, aber in Kontinuität mit dessen Pyramidentheorie. Rutherford stand nun vor der Frage, wie er sich dazu verhalten solle. Soll er als neuer "Papst" ihr seinen Segen geben oder soll er sie verwerfen? Er entschied sich für letzteres. Das ganze wurde in die Form einer Fragenbeantwortung eingekleidet.

Der "Wachtturm" (1922 S. 191) notiert dazu:

*"Am Montagvormittag fand eine Fragenbeantwortungs-Versammlung statt, die von Bruder Rutherford geleitet wurde um eine große Zahl von Fragen zu beantworten, die vorher in schriftlicher Form dem Vorsitzenden überreicht waren ... Unter den eingereichten Fragen war eine ganz besonderer Art, die sich mit dem Leipziger Völkerschlachtdenkmal befasste, dass zur Erinnerung an die vor etwas über hundert Jahren in der Umgegend Leipzigs ausgefochtene mehrtägige Schlacht errichtet war und im Jahre 1913 unter entsprechenden Feierlichkeiten eingeweiht wurde. Die mit Bezug auf dies Denkmal gestellte Frage war kurzgefasst diese:*

*Wird in Jesaja 19, 19 und in Offenbarung 22, 1. 2 auf dieses Denkmal hingewiesen?*

Kurz gefasst, war die Antwort auf die betreffs dieses Denkmals gestellte Frage diese: *Die Schriftstelle Jesaja 19, 19 bezieht sich nicht auf dies bei Leipzig errichtete Denkmal, noch auch wird in irgendeinem anderen Teile der Schrift auf dies Denkmal verwiesen. Das Leipziger Denkmal verdankt seine Entstehung einzig und allein dem brennenden Ehrgeiz eines Mannes, der hierbei unter dem Einfluss des großen Widersachers stand. Es würde kein Grund vorliegen, warum Jehova am Ende des Evangelium-Zeitalters ein Denkmal auf der Erde errichten lassen sollte. Es gibt hingegen einen guten Grund, warum Jehova lange Zeit vor dem Beginn der christlichen Zeitperiode in Ägypten ein Denkmal errichten ließ: Die Große Pyramide; und wenn die Zeit kommen würde, wo die Geheimnisse dieses Denkmals den Erforschern der göttlichen Prophezeiungen enthüllt werden sollten, dass es sich dann herausstellen würde, dass durch diese dem Jehova im Lande Ägypten errichtete Denksäule oder Altar (Jesaja 19, 19) die prophetischen Aussprüche und der göttliche Plan zur Errettung und Erlösung des Menschen ihre Bestätigung finden würde. Die Große Pyramide liefert somit weitere Beweise zur Stärkung und Vertiefung des Glaubens des Christen. Am Ende des Evangelium-Zeitalters aber würde kein Anlass oder kein Bedürfnis hierfür vorliegen, und es wäre seitens des Menschen eine Anmaßung, ein Denkmal zu errichten und zu erklären, dass der Herr dies als ein Zeugnis für seine Sache getan habe. Außer diesem Punkt bringt es jeder Teil des bei Leipzig errichteten Riesendenkmals zum Ausdruck, dass seine Urheberschaft* auf den Teufel hinweist und das es ein Werk des Widersachers ist. Die Architektur des Denkmals, sowohl innerlich wie äußerlich, bringt einen durchaus ägyptischen Geist zum Ausdruck, der, wie die Bibelforscher sehr wohl wissen, satanischen Ursprungs ist. Satan hat einen jeden Teil des göttlichen Planes nachgeäfft, und mit den in das Denkmal eingemeißelten Gestalten und kleinen Statuen hat er es ganz besonders darauf abgesehen, eine Nachäffung der vier Charaktereigenschaften, der Weisheit, Gerechtigkeit, Liebe und Macht zum Ausdruck zu bringen.

*Statt, dass dies Denkmal unter göttlicher Leitung errichtet wurde, um einen Teil des göttlichen Planes vorzuschatten, ist es offenbar ein Denkzeichen der Torheit des Menschen, angestiftet und ins Werk gesetzt durch den Teufel und seine Verbündeten und Helfershelfer, die Dämonen. Der Kaiser hatte gehofft, einmal sagen zu können: 'Dort stand Napoleon, der versucht hatte, die Welt zu erobern, dessen Plan aber völlig misslang - und hier steht der Deutsche Kaiser, der es unternahm, die Welt zu erobern und dessen Plan ein großer Erfolg war, und deshalb sollte die ganze Welt sich vor mich beugen.' Christen sollten sich durch solche Trügereien, wie sie vom Widersacher ins Feld gerückt werden, nicht von dem rechten Weg abbringen lassen. Wir haben das sichere Wort der Prophezeiung, wie es von Jesu und den Aposteln und Propheten uns deutlich vorgehalten wird, als unseren Lenker und Führer, und wir tun wohl daran, auf sie zu hören und ihnen zu folgen."*

Neben Pyramide und Völkerschlachtdenkmal, spielten in der Sicht der Bibelforscher auch die Juden eine besondere Rolle. Zeitweilig waren die Bibelforscher eine der aktivsten Pro-Juden (Philosemiten) orientierten Gruppen. Auch das sollte sich dann noch ändern.

## Philosemitismus

Besonders im Jahre 1925 wurde der Philosemitismus-Propaganda einen erhöhten Stellenwert zugewiesen. Sollten doch etliche der anvisierten "alttestamentlichen Überwinder" von Jerusalem über das Radio ihre Anweisungen verkünden, wie das den Bibelforscher in ihrer heiligen Einfalt gar von Rutherford verkündet wurde. Es war daher naheliegend, dass man sich auch aktiv in die Zionismuspropaganda einklinkte. Ein Mittel zu diesem Zweck war auch das 1925 erschienene Rutherford-Buch "Trost für die Juden".

Darin wurde versucht, namentlich in jüdischen Kreisen "gutes Wetter" zu machen. Bei einem von ihnen hatte Rutherford offenbar besonderen Erfolg. Über ihn berichtete Jonak später einmal:

*"Besonders interessant ist, dass Rutherford in diesem Buch einen an ihn von Nathan Strauß gerichteten Brief vom 14. August 1925 veröffentlicht. ... Dieser Nathan Strauß ist ein in der Rheinpfalz geborener, nach Amerika ausgewanderter Jude, Teilhaber an großen Warenhäusern und war wiederholt Ehrenpräsident des American Jewish Congresses. Strauß spendet alljährlich größere Summen für zionistische, jüdische und philanthropische Zwecke. So schreibt das 'Jüdische Lexikon'. Er dürfte hernach wohl zu denjenigen zählen, die die Bibelforscher subventionieren, zu den Männern, 'die Gott und seine Sache lieben.'"*

In der internen in der Schweiz erschienenen Bibelforscherzeitschrift "Bulletin" konnte man in der Juli-Ausgabe 1926 lesen: "Das erste Exemplar 'Trost für die Juden' wurde Herrn Nathan Strauß gesandt. Dieser bestätigte den Empfang mit folgendem Brief.

*26. Dezember 1925,*
*Mein lieber Richter!*
*Ich kenne Ihr Interesse an der Absicht der Juden, das Heilige Land wieder aufzubauen. Ich schätze ihre Bemühungen dieses große Werk zu fördern, hoch ein und bin dankbar, zu lesen, was Sie dafür getan haben. Ich bestätige den Empfang des Buches 'Trost für die Juden', (das) eine Kopie enthaltend, den (Brief den) ich ihnen letzten August schrieb. Ich habe das Buch schon gelesen und füge es mit Freuden meiner Kollektion ähnlicher Literatur bei. Meinen besten Dank, dass Sie mir das erste gebundene Exemplar sandten. Ich erwidere Ihre guten Wünsche von Herzen und verbleibe mit freundlichen Grüßen.*
*Dieser Brief wurde abfotografiert und vervielfältigt, sodass ihn die Geschwister in den englisch sprechenden Ländern beim Anbieten zeigen können. Das Zeugnis von Herrn Strauß wurde von nahezu allen Juden anerkannt."*

Damit auch die deutschsprachigen Bibelforscher für das gleiche Buch reklamewirksam werden könnten, wurde in der genannten "Bulletin"-Ausgabe, auch für sie noch ein entsprechender Werbetext zur Anpreisung dieser Rutherford-Schrift offeriert:

*"Guten Tag! Kürzlich hat die Bibel-Forscher-Vereinigung, die ich vertrete, öffentliche Vorträge gehalten über das Thema: 'Palästina für die Juden - Warum?' Richter Rutherford, der Präsident dieser Vereinigung ist, hat ein Buch geschrieben über das Thema 'Trost für die Juden' ... Dieses behandelt die heutige Aufbautätigkeit der Juden in Palästina und zeigt wie dies geschieht, in Erfüllung der Worte der Propheten, die vor vielen Jahrhunderten in den heiligen Schriften niedergeschrieben wurden. ... Der Schreiber des Buches war zweimal in Palästina. Herr Nathan Strauß, populärer jüdischer Philanthrop und Zionist, schrieb Herrn Rutherford sehr anerkennend über seinen Radiovortrag über den Wiederaufbau Palästinas durch die Juden..."*

Euphorisch wird in "Trost für die Juden" berichtet (S. 69): *"Die erste ordnungsgemäße Volkszählung Palästinas wurde im Oktober 1922 vorgenommen, und die Zahl der dort wohnenden Juden wurde auf 83 794 geschätzt. Seitdem hat die jüdische Bevölkerung bedeutend zugenommen; im Herbst 1925 waren annähernd 135 000 Juden dort."*

1925 war es den Zionisten möglich eine spezielle Dampferroute zwischen New York und Palästina zu eröffnen. Die Jungfernfahrt mit 350 Passagieren an Bord startete. Fast alles waren Juden. Als einer der wenigen Nichtjuden war auch ein Vertreter der Bibelforscher mit eingeladen. Zu dem Programm gehörte im Anschluss daran die Publikumswirksame Einweihung einer Jüdischen Universität in Jerusalem. Der diesbezügliche Bericht vermeldet:

*"Die hervorragenden Persönlichkeiten auf der Tribüne waren Lord Balfour, Sirr Herbert Samuel, General Allenby, Dr. Weizmann, Dr. Magnus, Oberst Kisch, Dr. Ruppin, Dr. Levy und andere."*

Zu den geladenen handverlesenen Gästen gehörte auch der Bibelforschervertreter Macmillan. Ursprünglich sollte Rutherford höchstpersönlich diese Ehre wahrnehmen, der aber wegen anderweitiger Verpflichtungen verhindert war. Eine Absage wurde nicht erteilt, sondern eben Macmillan dafür gesandt. Letztere konnte sich darin sonnen, faktisch auch zu den "Honoratioren" gehört zu haben, anlässlich jener spektakulären Veranstaltung. Keine andere christliche Gruppierung war mit eingeladen worden. Nur die Bibelforscher. Damit wurde auch zionistischerseits ihr Engagement für deren Interessen gewürdigt.

Eine besondere "Blüte" der sattsam bekannten Bibel- und Geschichtsklitterungen der Russell/Rutherford-Organisation, ist auch der Satz von Rutherford in "Trost für die Juden" (S.100): *"Ein menschliches Skelett besteht aus 206 Knochen. Der Zionismus wurde in Basel in der Schweiz im Jahre 1897 als Körperschaft organisiert. Auf der Konferenz, die die Organisation ins Leben rief, waren genau 206 Delegierte, genau die Zahl der Knochen des menschlichen Körpers. Das war kein Zufall, sondern vom Herrn angeordnet, und zeigt, dass Gott die kleinsten Angelegenheiten bezüglich der Wiederherstellung der Juden anordnete, um sie zurückzuführen."*

Die Betonung des Philosemitismus gerade zu jener Zeit, muss auch als "Strohhalmeffekt" gewertet werden. Aus der 1925-Erwartungen wurde nichts. Dennoch war man unbußfertig genug an den diesbezüglichen Thesen modifiziert, weiter festzuhalten. Ein Beispiel dafür sind auch die nachfolgenden Ausführungen aus dem "Goldenen Zeitalter" (1926 S. 35, 36):

*"Und nun? 1925 ist vorbei, und schon lassen sich Spötter vernehmen, die da sagen, das ist alles nichts ... Es bleibt ja doch alles beim Alten, und das merkwürdige Goldene Zeitalter kommt noch lange nicht!*

*Die Wiederherstellung Palästinas ist ein weiterer gewaltiger und überwältigender Beweis, denn der große Meister erklärte feierlich, dass die Zertretung Palästinas aufhören werde, wenn die Zeiten der Nationen abgelaufen seien ... dass also parallel mit dem Ende der Reiche dieser Welt die neue, bessere, auf Gerechtigkeit gegründete Weltordnung sich öffnen werde. Zuerst ganz unscheinbar, dann deutlicher und deutlicher. Die Bibel bezeugt ferner, dass dieser Anfang in Palästina zu erwarten sei ... dass nicht selbstsüchtige Geldjuden oder Wucherer daran teilhaben werden, sondern vor allem jene treuen Helden der Vergangenheit, die uns als Glaubenshelden in Hebräer 11 aufgezählt werden usw. Und nun, werter Leser, wende doch bitte dein Auge hin nach diesem Lande. Siehst du nichts? Siehst du nicht, wie diese Stätte neu erblüht und sichtlich zubereitet wird für die ihrer wartende, erhabene Aufgabe! Siehst du nicht, wie gerade im vergangenen Jahre sichtbar die Gunst Gottes sich wieder diesem Lande zuwandte? Siehst du es nicht?*

*Weißt du es nicht? Lass dir doch genaue Berichte geben über den mit Riesenschritten fortschreitenden Wiederaufbau Palästinas.*

*Gibt es noch Grund für Zweifel, dass die Zeit wirklich da ist und dass nur noch ein wenig Geduld zu üben ist? 'Wenn es verzieht, so harre sein, denn kommen wird es, es wird nicht ausbleiben.' - Habakuk 2:3. Aller Kleinglaube wird bald beschämt dastehen!"*

Beschämt wurde dieser "Kleinglaube" allerdings schon bald - und zwar von Rutherford höchstpersönlich. Nachdem er noch 1929 in seinem Buch "Leben" die Philosemitismus-thesen wiederholt hatte, tönte er in seinem 1932 erschienenen Buch "Rechtfertigung" plötzlich ganz anders. Die Bibelforscher, waren in Deutschland zu jener Zeit prozentual stärker vertreten als in den USA. Auch Rutherford registrierte das zu jener Zeit kometenhafte Erstarken der Nazis. Das letztere Antisemiten waren, war auch damals schon weltbekannt. Also war die Revidierung des Philosemitismusthese bei ihm angesagt, was mittels des genannten Buches "Rechtfertigung" dann auch praktiziert wurde.

*"Man hat gedacht, dass das jetzt als Juden bezeichnete Volk im Königreich einen besonderen Vorzug genießen werde, doch wird diese Annahme von der Bibel nicht gestützt"*, hieß es jetzt. Kein Wort darüber, wer dieser "Man hat gedacht" in der Praxis war und was er alles für Thesen im Detail dazu schon verkündet hatte. Das war jetzt "Schnee von gestern". Und eine ehrliche Auseinandersetzung mit ihrem "Gewäsch von Gestern", hat es in dieser Organisation ohnehin noch nie gegeben!

## Der "nächste Streich" von Rutherford bestand wiederum in den Hinweis auf die Weltverhältnisse.

Das Hitlerdeutschland eine kriegerische Politik betrieb, mit unabsehbaren Konsequenzen, war auch schon im Jahre 1938 klar erkennbar. In jenem Jahre veröffentlichte Rutherford seine "epochemachende" Broschüre "Schau den Tatsachen ins Auge"

In ihr skizziert er "Schwarz in schwarz", auf der Endzeitklaviatur spielend, die zeitgenössischen Verhältnisse. Er verweist auf Hitler und Mussolini als Buhmänner. Er betont, dass selbst der amerikanische Präsident in kürzester

Zeit die Möglichkeit hätte, sich zu einem ähnlichen Diktator aufzuschwingen. Er beklagt, dass seine Organisation in einigen britischen Kolonialgebieten, gleichfalls Verboten ausgesetzt sei.

Er zögert auch nicht, angesichts dieses düsteren Szenarios seiner Anhängerschaft den dringenden Rat zu geben, es mit dem Heiraten bis "nach" Harmagedon sein zu lassen.

Heilige Einfalt, mag man dazu nur sagen. Immerhin, zeitgenössisch widersprach keiner öffentlich dieser Einfalt. Im Gegenteil. Sie klatschten noch Beifall, die Claqueure wie N. H. Knorr und Konsorten. Wollten sie ihn doch beerben, was sich alsbald auch verwirklichte. So wie heute, die WTG-Hauptamtlichen, wieder besseres Wissen, versuchen die WTG als ihre Erwerbsquelle, mit mehr oder weniger Geschick, am laufen zu halten. Und das Fußvolk tut es ihnen vielfach nach. Auch eine Form von "heiliger Einfalt". (WTG = Wachtturmgesellschaft, Verlag der Zeugen Jehovas).

Es ist vielleicht nicht uninteressant sich die Detailbegründung näher anzusehen, die Rutherford damals für seine "heilige Einfalt" zum besten gab. Nachstehend ein diesbezüglicher Auszug aus der genannten Broschüre (S .46 - 51):

*"Wenn diese Schlussfolgerung der Heiligen Schrift entspricht, dürfte daraus hervorgehen, dass jene Männer und Frauen, die die "große Volksmenge" bilden, heiraten und Kinder hervorbringen werden in Gerechtigkeit und zum Leben. Heute gibt es auf Erden Jonadabe, die dem Herrn ergeben sind und sich ohne Zweifel als treu erweisen werden. Wäre es schriftgemäß, dass0 sie jetzt heirateten und Kinder aufzuziehen begännen? Nein, lautet die Antwort, die von der Heiligen Schrift gestützt wird. ...*

*Den Jonadaben wird nun das große Vorrecht zuteil, zu erkennen, dass das Königreich gekommen ist und dass ihnen, wenn sie leben möchten, die heilige Pflicht zufällt, es vollauf zu unterstützen und dass zu tun, was der Herr ihnen geboten hat, nämlich Gerechtigkeit und Demut zu suchen, mit dem Überrest gemeinsame Sache zu machen und der Welt vom Reiche Gottes unter Christus Zeugnis abzulegen. Es wird weit besser sein für sie, ohne Hemmschuh und Bürde zu sein, damit sie des Herrn Willen tun können, so wie der Herr es befiehlt, und auch während Harmagedon durch nichts gehindert zu werden. ...*

*Für den vollkommenen Adam und die Eva war es passend und recht, sich zu mehren und Kinder zur Welt zu bringen, und es wird bestimmt in Harmonie mit dem Willen Gottes sein, dass die Glieder der großen Volksmenge, als Gerechte, nach Harmagedon heiraten und Kinder hervorbringen. Der Rat bezüglich Heirat, wie er im siebenten Kapitel von 1. Korinther erscheint, bezog sich nicht auf den vollkommenen Adam und sein Weib und bezieht sich nicht auf die große Volksmenge nach Harmagedon. ...*

*Jonadabe, die jetzt ans Heiraten denken, würden, wie es scheinen will, besser tun, einige wenige Jahre zu warten, bis der feurige Sturm Harmagedons vorüber ist, und dann die ehelichen Beziehungen aufzunehmen und die Segnungen zu genießen, die mit einer Anteilnahme am Füllen der Erde mit gerechten und vollkommenen Kindern verbunden sind. ...*

*Was sollten die Jonadabe jetzt tun? Sie sollten sich gänzlich den Königreichsinteressen Christi widmen und dazu sehen, dass ihre Mittel nun zum Ruhme Gottes und seines Reiches gebraucht werden. Die Jonadabe sollten sich als Gefährten den Überrestgliedern des Leibes Christi, die jetzt auf Erden sind, anschließen und tatkräftig Zeugnis ablegen vor den Menschen, sollten diesen die Warnung übermitteln und ihnen von den Königreichssegnungen erzählen, die den Gehorsamen zufließen werden. Die Treuen, die von Abel an bis auf Johannes lebten, schauten, nach dem Kommen der gerechten Regierung Gottes aus und opferten alles, damit sie unter dieser Regierung einen Platz empfangen möchten. Nun ist das glorreiche Königreich voll in Sicht und wird bald unumschränkt wirksam sein, und die die Gott lieben, werden jetzt freudevoll alles, was in ihrer Kraft steht, tun, um andern von den Segnungen dieses Reiches zu erzählen. Es ist das Reich Gottes unter Christus, dass jetzt allem, was zu Satans Organisation gehört, feindlich gegenübersteht, und die Jonadabe müssen sich kompromisslos auf die Seite des Herrn stellen und ihm und seinem Reiche allezeit treu dienen."*

Ach so, wie heißt es in den Schlusssätzen von Märchen doch so schön: "Und wenn sie nicht gestorben sind, dann warten sie noch heut!"

Aber sicher gilt es zu registrieren, dass in der Grundtendenz solche Spekulationen und ihrer Schürung bzw. Dämpfung, immer wieder aufs in gewissen Abständen, bei den Zeugen Jehovas Furore machen. Ein Beispiel dafür sind auch jene Ausführungen im "Goldenen Zeitalter" vom 1. 12. 1937, wo man lesen konnte:

*"Frage: Ist jemand ein Zeuge Jehovas, der vorgibt, mit Bestimmtheit zu wissen, dass 'Harmagedon' - die Schlacht des großen Tages Gottes, der Allmächtigen (Offenbarung 16:16) - im Jahre 1940 beginne? Darf man einer solchen Person Glauben und Vertrauen schenken?*

*Antwort: Jehovas Zeugen wissen, dass die wahren Lehrer des Überrestes auf Erden Jehova Gott und Christus Jesus sind, und dass es Jehova wohlgefiel, sich seit 58 Jahren des 'Wachtturms' bzw. der Wachtturm-Literatur zu bedienen, um die für sein Volk beschiedene Speise und jede fällige Wahrheit darzureichen und weltweit bekanntzumachen (Jesaja 30: 20; 54:13). Warum sollte nun Jehova plötzlich diese Methode ändern und irgend jemand eine private Auslegung der Bibel offenbaren? Sagt nicht der Apostel Petrus unmissverständlich, dass die Weissagung Gottes nicht von eigener oder privater Auslegung ist? (2. Petr. 1: 20,21). Gott verhindert es indes nicht, dass sich jemand an seinem Werke beteiligt, der eine hohe Meinung von sich besitzt und darum vorgibt, Geheimnisse zu wissen, die allen anderen Geschöpfen auf Erden vorenthalten seien. Solche befinden sich natürlich in großer Gefahr, und wenn sie nicht schnell zu Jehova umkehren und sich vor ihm demütigen, so werden die Engel Gottes sie als 'Ärgernisse' aus dem Reiche Gottes hinaustun (Matth. 13:41).*

*Bei solchen Gerüchtemachern muss freilich unterschieden werden zwischen harmlosen Mutmaßungen, indem einer z.B. sagt: 'Nun wird weltenweit die Schlacht Gottes, Harmagedon genannt, angekündigt und vielleicht beginnt diese gewaltige Abrechnung mit den Feinden Jehovas im Jahr 1940.' Oder wenn ein anderer mit genau errechneten und ausgeklügelten Plänen kommt und seine Weisheit zum Besten gib, um in der Wahrheit unbefestigte irre zu machen und hinter sich her abzuziehen. Letztere bezeichnet der Apostel als 'verderbliche Wölfe, die der Herde nicht schonen' (Apostelgeschichte 20: 29,30). Der allein richtige Weg ist indes, nichts wissen und nichts sagen oder tun zu wollen, außer dem, was Jehova durch seine Organisation enthüllt und bekanntgemacht hat. Der Wahlspruch des Knechtes Jehovas lautet noch immer: 'Vater, dein Wille geschehe!'*

Man muss nicht viele Jahre in der Wahrheit sein um wenigstens soviel Weisheit und Erkenntnis zu besitzen wie die unvernünftigen Tiere, von welchen geschrieben steht: 'Ein Ochse kennt seinen Besitzer, und ein Esel die Krippe seines Herrn' (Jesaja 1:3).
Bis jetzt ist niemand beauftragt worden, als Zeuge Jehovas ein genaues Datum für den Beginn Harmagedons bekanntzugeben, und irgendwelchen diesbezüglichen Äußerungen sollte kein Gewicht beigelegt werden."
Nach langen schrecklichen Jahren, kündigte sich doch allmählich das Ende des Zweiten Weltkrieges an. Wieder war aus dem "göttlichen Eingreifen" nichts geworden. Die neue Marschroute wurde nun in dem 1944 erstmals erschienenen Buch der Zeugen Jehovas mit dem Titel "Dein Königreich komme" ausgegeben.
In ihm war zu lesen, "wenn die Religion und ihre Liebhaber in der internationalen Nachkriegs-Ordnung 'Friede und Sicherheit' ausrufen, dann wird sie in der 'Schlacht jenes großen Tages Gottes, des Allmächtigen', plötzliches Verderben treffen. Keiner von ihnen wird durch die Religion vor jener Schlacht von Harmagedon bewahrt werden. Der König der Könige wird in der Tat die Reihen der von der Religion angeführten vereinten Nationen in Verwirrung bringen, und die politischen Gruppen werden die Hörner ihrer Macht gegen die Religionsgesellschaften kehren. Sie werden finden, dass diese eine verbrauchte Hure ist, die ihnen keine Befriedigung mehr verschaffen und ihren Zwecken nicht mehr dienen kann. Sie werden 'die Hure hassen und werden sie öde und nackt machen und werden ihr Fleisch fressen und sie mit Feuer verbrennen.' (Offenbarung 16: 13-16; 17: 15-18) Was sie in ihrer Wut von den gewordenen Religionsmächten übriglassen, wird der König der Könige in Harmagedon direkt durch die Taufe mit feuriger Vernichtung verzehren." (S. 337)
„Lasst die Nationen toben, die Völker für die Nachkriegszeit Eitles sinnen und die politischen, kommerziellen und religiösen Herrscher und Monarchen sich verschwören zur Weltherrschaft wider Jehova und den von ihm verordneten König. Trotzdem regiert Jehova. Er lacht über die dünkelhaften, totalitären Bemühungen weltlicher Herrscher; er spottet ihrer, indem er seinen gerechten Vorhaben gemäß vorrückt und spricht: 'Habe doch ich meinem König eingesetzt auf Zion, meinem heiligen Berge (Fußnote).

*Indem die selbstsüchtigen Herrschermächte der Erde die Unterweisung aus Jehovas Wort töricht ablehnen, spielen sie mit der Gefahr, durch Jehovas König in der Schlacht von Harmagedon vernichtet zu werden. - Psalm 2: 1-12.*

*Die Nationen der Erde und ihre religiösen und politischen Herrscher verschmähen es, die 'obrigkeitlichen Gewalten' anzuerkennen, und legen die Bibel auf ihre eigene Weise aus. Gottes treuer Überrest und dessen Gefährten aber anerkennen, dass Jehova, der Theokrat, und sein König Christus Jesus, die 'obrigkeitlichen Gewalten' sind. Sie sehen ein, dass es jetzt wichtiger ist denn je zuvor, sich die inspirierten Worte zu Herzen zu nehmen, die an Gottes organisiertes Volk gerichtet sind: 'Jede Seele unterwerfe sich den obrigkeitlichen Gewalten; denn es ist keine Obrigkeit, außer von Gott, und diese, welche sind, sind von Gott verordnet.' Jehova hat die Macht zu seiner verordneten Zeit angetreten und hat seinen Sohn zum Herrscher der neuen Welt bestimmt."* (S. 355)

**Es mutet schon befremdend an, wie seitens der Zeugen Jehovas immer wieder aufs neue auf Katastrophen spekuliert wird.** Aber das ist man ja mittlerweile von ihnen schon gewohnt. Immer, wenn die Menschheit gravierende Katastrophen ereilt, wie beispielsweise die des zweites Weltkrieges, kochen auch Religionsvertreter ihr Süppchen. Traurig daran ist nur, dass diese Suppe nichts zur Lösung der wirklichen Probleme beiträgt, dass sie bestenfalls eine "schmerzlindernde" Opiumfunktion wahrnimmt. Ist die Wirkung jener Droge vorüber ist das Endresultat für den Süchtigen um so bedenklicher.

## Keine Tragik"

Der Zweite Weltkrieg war zu Ende. Das von den Zeugen Jehovas erwartete „Harmagedon" war er jedenfalls nicht. Dennoch unterschwellig kursierten in Zeugenkreisen diesbezügliche Erwartungen. Immer, wenn die Menschheit gravierende Katastrophen ereilt, wird in der religiösen Weltsicht versucht, Kapital daraus zu schlagen. So auch in diesem Fall. Dass Gottes vermeintliches „Eingreifen" wieder einmal ausgeblieben war, passte nicht so recht in die Weltsicht gewisser Zeugen Jehovas. Nicht unbedingt auf der hauptamtlichen Funktionärsebene, wohl aber in den darunter befindlichen Ebenen.

Symptom für diese Sachlage ist der Artikel „Harmagedon ist nahe" den die Schweizer Zeugen Jehovas-Zeitschrift „Trost" in ihrer Ausgabe vom 1. Juni 1945 (Nr. 545) veröffentlichte. Darin wurde ausgeführt:

*„In einem Gespräch, an dem sich ... Zeugen Jehovas beteiligten, wurde die Frage besprochen: 'Ist Harmagedon nahe?' Wer hat wohl recht, jene, die sagen, Harmagedon komme sehr bald, oder jene, die meinen es komme noch nicht so bald?"*

Als Quintessenz wurde dann dazu gesagt:

*„Selbst wenn die Schlussabrechnung von Harmagedon noch um zehn oder zwanzig Jahre verziehen sollte - es wurde (aber) nicht gesagt, dass es wirklich so sein wird."*

Noch deutlicher ist der zusammenfassende Kommentar:

*„Welchen Eindruck dieses Gespräch auf einen Kongress-Besucher machte und was er daraus lernte, vermitteln uns die nachfolgenden Zeilen.*

*Hat es etwas Beängstigendes, wenn die Möglichkeit besprochen wird, bis zur Schlacht von Harmagedon könnten noch 10 oder 20 Jahre vergehen? Ganz gewiss nicht. Von den Kongressteilnehmern jedenfalls wird eine solche Möglichkeit nicht als tragisch empfunden, was man aus der Reaktion im Saale feststellen konnte.*

*Ob man bei 20 Jahren Zeitspanne noch von 'bald' reden dürfe? Natürlich. Hätte 1918 jemand erklärt: 'Ein weiterer Weltkrieg schrecklicher als der beendete, ist sehr nahe', wäre das nicht ganz richtig gewesen? Trotzdem liegen zwischen 1918 und 1939 immerhin 21 Jahre."*

Dozierend wurde dann noch ausgeführt: *„Dauert es jemand zu lange, dann sei daran erinnert, dass Zeit niemals lang wird, wenn man alle Hände voll zu tun hat. Haben wir etwa nichts mehr zu tun? Die Errichtung der Theokratie ist etwas so wunderbares, dass man leicht ein ganzes Leben darauf warten kann. ... Bist du im Königreichsdienst vielleicht über deine Kräfte gegangen, weil du die Zeitspanne zu knapp eingeschätzt hast? Dann sei dein Trost, dass, wenn auch deine Kräfte dahin sein mögen, dein Lohn doch nicht dahin ist."*

Der kalte Krieg war im Jahre 1949 schon voll im Gange. Auch die Zeugen Jehovas spielten darin ihren Part. Zusammenfassend kommentierte die "Christliche Verantwortung" (Nr. 24) dazu einmal:

"Es war ... im Jahre 1949. Viele junge Brüder und Schwestern haben zu dieser Zeit überhaupt noch nicht gelebt. Für sie ist das deshalb die Zeit der vorigen Generation. Aber auch bei anderen waltet in großem Maße Vergesslichkeit ob. Der Mensch ist nun einmal ein begrenztes Gefäß, dass immer wieder Neues aufnehmen muss. Je länger etwas zurückliegt, desto mehr verblasst es darum im Gedächtnis, bis es oft ganz entschwunden ist. Die Gabe des Menschen, die Ereignisse aufzeichnen zu können, gleicht das jedoch aus. Es besteht guter Grund, die WT-Aufzeichnungen von 1949 wieder hervorzuholen.

Vor genau 20 Jahren im Jahre 1949 unternahm die WTG eine weltweite Verkündigung unter dem aufrüttelnden Schlagwort 'Es ist später als du denkst!' Was später ist, wurde bei der Ankündigung zunächst noch nicht verraten Die öffentlichen Verträge aller Bezirksversammlungen des Jahres 1949 hatten jenes Schlagwort zum Thema.

In Nordamerika war WTG-Präsident N. H. Knorr in einigen Fällen selbst der 'anfeuernde' Redner. Den äußeren Anzeichen nach ging es der WTG darum, die ganze Organisation und das ganze Verkündigungswerk auf ein kurzfristiges Ende der Welt in Harmagedon auszurichten. Alles sei näher, als irgendjemand zu denken vermag!

N. H. Knorr: 'Heulet, weil er so nahe ist!'

Im WT vom 1. Dezember 1949 und 15. Oktober 1950 unter den Überschriften 'Er ist näher als sie denken' sind diese 'Anfeuerungen' von 1949 abgedruckt. Wir wollen uns so zurückversetzen in die Zeit vor zwei Jahrzehnten, in die Vorstellungen, Hoffnungen und Hochstimmung, die die WTG damals im Namen Jehovas erzeugte. ... Es ist wie bei einem Menschen, dessen bisherige Vergangenheit und Tätigkeit man nicht kennt: Man weiß nicht recht, was man von ihm erwarten soll, was man ihm glauben kann und was nicht. Kennt man sie aber, dann - !

Hier sind die 'anfeuernden' Höhepunkte des großen Themas 'Es ist später als du denkst!' zur Feststellung, Harmagedon stände 1949 unmittelbar bevor: *'Heulet, weil er so nahe ist! Bereits sind die Weltherrscher, was Politik, Handel und Religion betrifft, in einem Zustand, als ob sie dem Befehle Gottes an sie nachkämen, der in Jesaja 13:6-8 enthalten ist: Heulet, denn nahe ist der Tag Jehovas, er kommt wie eine Verwüstung vom Allmächtigen. Darum werden alle Hände erschlaffen, und jedes Menschenherz wird zerschmelzen.*

*Und sie werden bestürzt sein. Wehen und Schmerzen werden sie ergreifen, sie werden sich winden gleich einer Gebärenden, einer starrt den anderen an, ihre Angesichter glühen!'* ... Aber hören wir weiter, was die WTG 1949 verkündigte:

*'Dämonen suchen die Menschen zur Annahme zu verleiten, dass Jehovas Tag der Vernichtung für diese Welt nicht so nahe sei!' 'Unerschrocken trotzen Jehovas Zeugen dem populären Wunschtraum der Menschen, wonach dieser Tag nicht so nahe sei, und beharren auf der Verkündigung, dass sein Tag der Weltvernichtung nahe ist, ja näher, als jene denken!'*

Trotzen, dass traf in der Tat zu. Trotzen ist jedoch meistens kein Ausdruck von Vernunft, sondern eines kindischen Wesens.

Der WT wird noch eindringlicher: *'Wenn ihnen sein Kommen angekündigt wird, glauben sie es nicht, oder verschieben es in die ferne Zukunft, über ihre Lebzeiten hinaus'.*

*'Ein Prophet, der größer ist als Daniel, legt den Sinn aus, und seine zuverlässige Deutung zeigt an, dass der Tag Jehovas näher ist, als irgendjemand von ihnen denken mag.'*

*'Und seine Zeit steht nahe bevor, und seine Tage werden nicht verlängert werden! Jesaja 13:20-22.'*

*'Jetzt ist keine Zeit, sich vom äußeren Glanz dieser Welt gefangennehmen oder durch ihre Propaganda betören zu lassen'. 'Auch ist nicht die Zeit, Harmagedon im eigenen Sinn hinauszuschieben!'*

*'Lob sei Gott, dass solch bedeutsame Ereignisse näher sind, als die meisten Menschen denken!'*

*'Der Tage dieser Welt werden es jetzt nicht mehr viele sein, nein, jetzt nicht mehr!'*

Das wurde 1949 ... verkündigt!

Auf jede Weise wurde nachgeholfen

In Deutschland wurde der 'Später als du denkst'-Geist gesteigert, bis er sich gar politisch überschlug. Die behördlichen Einschränkungen gegenüber den bisherigen antidemokratischen ... Erscheinungen in der WT-Verkündigung zum Anlass nehmend, donnerte Zweigdiener Erich Frost am 30. Juli 1949 aus der sicheren Westberliner Waldbühne ... *'Der katholische Hitler suchte die Zeugen aufzuhalten, doch jetzt sind sie stärker denn je. Und wo ist Hitler? Nun haben die Kommunisten ihre große Gelegenheit, das zu vollenden, was Hitler begonnen hat, und das Ergebnis ist eine neue Verkündigerhöchstzahl in der Ostzone! Wie anders ist doch dies Verhalten als der Lauf der anpassungsfähigen römisch-katholischen Geistlichkeit, welche die Kühnheit hat, Jehovas Zeugen als Kommunisten zu bezeichnen, während sie selbst an den Brüsten kommunistischer Regierungen saugt!*

*Wir fürchten die Kommunisten genau so wenig, wie wir die Nazi gefürchtet haben!'* (WT 1. 4. 1950 S. 111, 112). ...

Bezirksdiener Friedrich Adler fühlte sich durch die dramatische 'Später als du denkst'-Losung zu dem Ausruf gedrängt, die Kommunisten würden nicht so lange 'machen' wie die Nazis. 'Ein Jahr' räumte er ihnen ein, was wie ein tolles Gerücht unter den Zeugen umlief.

Die 'Später als du denkst'-Losung mit ihren Behauptungen, 'nicht mehr viele Tage', 'die Tage werden nicht verlängert' und 'Harmagedon nicht im Sinn hinausschieben', hatten alle aus dem Häuschen gebracht! Vor allem viele verantwortliche Diener. Und mit den Kommunisten würde es nach der WT-Bibelauslegung losgehen Sie würden die 'Hure stürzen', die Katholische Kirche und dann selbst drankommen. (WT 1. 2. 63, S. 94). Schon tobte der Korea-Krieg ... Aber auch für Europa galt die Doktrin des USA-Präsidenten Truman über die 'Zurückdrängung des Kommunismus'.

'Harmagedon wird nicht nur ein dritter Weltkrieg sein', erklärte WTG-Präsident Knorr auf dem Weltkongreß 1953 in New York diese Vorstellungen weiter. (Broschüre: 'Nach Harmagedon Gottes neue Welt', S. 18, 1953). ...Es bleibt fraglich, ob die WT-Führung tatsächlich an Harmagedon in Verbindung mit einem dritten Weltkrieg zu Beginn der fünfziger Jahre geglaubt hat, als sie solche Hoffnungen schürte und hochpeitschte. Die Hauptsache scheint vielmehr gewesen zu sein, die damalige weltpolitische Krisenzeit auszunutzen, um die Anhänger- und Verkündigerzahlen in die Höhe zu treiben ...

Die Losung 'Es ist später als du denkst' von 1949 erwies sich damit ähnlich zugkräftig wie die gleiche illusionistische Losung 'Millionen jetzt lebender Menschen werden nie sterben' nach 1919, die für die Festsetzung von Harmagedon auf 1925 zum letzten Mal angestrengt wurde. Es ist schon Methode bei der WTG, in inneren oder äußere Krisensituationen der verschiedensten Art immer mit irgendwelchen 'aufrüttelnden' Schlagworten hervorzutreten, um aus der Lage herauszukommen und dabei die Organisation erst recht zu vermehren. Offenbar rechnet sie damit, dass 'in der Welt' immer noch genügend 'Strandgut' anfällt, das sie 'fischen und jagen' kann."

Als Nachwirkung der 1925-Verkündigung ist auch die Sache mit der Fürstenvilla "Beth-Sarim" zu sehen.

# Beth-Sarim

In dem 1939 erschienenen Buch „Die Rettung" von Rutherford, findet sich auch eine Apologie „Beth-Sarim" betreffend. Dort konnte man lesen (S. 325, 326)

*„In San Diego, Kalifornien, ist im Jahre 1929 auf einem kleineren Grundstück ein Haus erbaut worden, dass die Bezeichnung Beth-Sarim trägt und unter diesem Namen bekannt ist. Die hebräischen Worte 'Beth-Sarim' bedeuten 'Haus der Fürsten'. Mit der Erwerbung des Grundstückes und*

dem Bau des Hauses wurde bezweckt, einen greifbaren Beweis zu schaffen, dass es heute Menschen auf Erden gibt, die völlig an Gott, an Christus Jesus und an sein Königreich glauben und auch glauben, dass der Herr die treuen Männer alter Zeiten bald auferwecken wird, sodass sie auf der Erde zurück sein werden und die sichtbaren Angelegenheiten der Erde in die Hand nehmen. Den Titel auf Beth-Sarim verwaltet die Watch Tower Bible and Tract Society, und dieses Besitztum soll gegenwärtig von dem Präsidenten der Gesellschaft und seinen Gehilfen benutzt werden und hernach immerdar den vorhin erwähnten Fürsten auf Erden zur Verfügung stehen.

Aber es wurde als gut und Gott wohlgefällig erachtet, dass das vorhin erwähnte Haus als ein Zeugnis für den Namen Jehovas gebaut wurde sowie als eine Kundgebung des Glaubens an Gottes angekündigte Vorsätze. Vielen Menschen der ganzen Erde hat dieses Haus bereits als ein Zeugnis gedient, und während sich die Ungläubigen darüber in Spott und Hohn ergangen haben, steht es doch da als ein Zeugnis für den Namen Jehovas, und wenn dann die Fürsten tatsächlich zurückkehren und jemand von ihnen das Besitztum benutzt, so wird das eine Bestätigung des Glaubens und der Hoffnung sein, die der Antrieb gewesen waren, das Haus der Fürsten zu bauen."

Im Jahrbuch 1931 der Bibelforscher, findet sich gleichfalls ein auf die Mentalität der eigenen Klientel abgestimmter Bericht über jene Fürstenvilla. Man wird schon sagen können, dass in ihm die neuralgischen Punkte in bewusst verharmlosenden Wendungen wiedergegeben wurden. Man konnte in ihm lesen:

"Während des Jahres haben liebende Hände ein gut eingerichtetes Haus bereitgestellt, schön gelegen in San Diego, Kalifornien, wo der Präsident und seine Büromitarbeiter der Strenge des Winters entgehen können und so in der Lage sind, mit dem Werk fortzufahren. Diese Vorkehrung ist gnädig vom Herrn anerkannt worden. Er weiß, wer die Geber sind, und er wird sie dementsprechend segnen. Das Recht auf dieses Haus besitzt die Gesellschaft, und sie verwaltet es als Treuhänder zum dauernden Gebrauch für Gottes Treue. Es wurde als passend erachtet, dem Hause einen Namen zu geben, und deshalb ist es bekannt unter dem Namen 'Beth-Sarim'. Dies ist ein zusammengesetztes hebräisches Wort, und seine

Bedeutung ist 'Haus der Fürsten', und es ist den vom Herrn erwähnten Fürsten zugedacht. Es wird zuversichtlich erwartet, dass zu Gottes bestimmter Zeit einige der in Hebräer 11 erwähnten Männer, die Christus zu 'Fürsten auf der ganzen Erde' machen wird, einen Wohnplatz in diesem Hause finden werden, während sie das Werk ausführen, dass der Herr ihnen übertragen hat.

Der Feind brachte viele Redereien über den Bau dieses Hauses in San Diego auf. Seine Absicht hierbei war natürlich, Schmähung auf das Werk der Gesellschaft zu bringen."

Die Sache mit der Fürstenvilla musste man auch zeitgenössisch den Bibelforschern irgendwie "beibringen". Versteht sich in dem Sinne, das alles "rechtens" sei. Dazu veröffentlichte das "Goldene Zeitalter" (Schweizer Ausgabe 15. 9. 1930) einen Artikel des damaligen Druckerei-Direktors der WTG, Robert J. Martin. Er rührt die Rührseligkeits-trommel dergestalt, dass Rutherford wegen einer schweren Lungenentzündung das Winterklima in Brooklyn nicht mehr vertragen würde, und er während dieser Zeit in das klimatisch günstiger gelegene Kalifornien ausweichen müsste. Im einzelnen schrieb Martin dann noch:

"Da es nun sehr unbequem und kostspielig ist, sich für nur einige Monate ein Haus mieten zu müssen, habe ich und einige andere Glaubensbrüder, die eng mit Richter Rutherford verbunden sind, ihn auf die Notwendigkeit eines Hauses in San Diego aufmerksam gemacht, wo er und seine Mitarbeiter während ihres Aufenthaltes arbeiten könnten. Im vergangenen Jahre, als der Herr für die nötigen Mittel gesorgt hatte, ohne das die Gesellschaft damit belastet zu werden brauchte, redeten wir ihm eindringlich zu. Schließlich gab er seine Zustimmung unter der Bedingung, dass das Haus lediglich dem Werke des Herrn und nicht irgendwelchen Privatzwecken dienen solle. Daraufhin reiste ich im Oktober 1929 nach Kalifornien, kaufte ein Grundstück ließ es auf meinen Namen eintragen, schloss mit dem Baumeister einen Vertrag ab und das Haus wurde auf meinen Namen gebaut. Anfang des Jahres 1930 begab ich mich von neuem nach Kalifornien, um den Bau zu übernehmen. ... Als Richter Rutherford von treuen Freunden zu dem Bau eines Hauses gedrängt wurde, weigerte er sich, es für sich selbst zu tun und willigte nur unter der Bedingung ein, dass es dem Werke des Herrn diene.

*Er setzte selbst eine Urkunde über den Besitz des Hauses auf..."*

Als weiteres Detail führt Martin in seinem Bericht aus:

*"Urkunde. Robert J. Martin (unverheiratet) in Brooklyn, Adams Street 117 wohnhaft, garantiert hiermit den Gelegenheitskauf und verkauft für die Summe von zehn Dollars (10,-) an Joseph F. Rutherford, Brooklyn, Columbia Heights 124, für die Zeit seines Lebens und hernach zu Gunsten der Wachtturm Bibel- und Traktat-Gesellschaft. ... Besagte Grundstücke sind in den alleinigen Besitz von Joseph F. Rutherford übergegangen und sollen solange er auf Erden lebt zu seiner Benutzung dienen ... "*

Um der Sache noch einen "theologischen Anstrich" zu geben, wurde in dem fraglichen Dokument weiter ausgeführt.

*"Sie (Martin und Rutherford) erkennen auch die Beweise für die jetzt stattfindende Aufrichtung des Königreiches Gottes zur Segnung der Menschen auf Erden und sind überzeugt, dass die herrschende Macht und Autorität dieses Königreiches den Menschen unsichtbar ist, dass aber dieses Königreich sichtbare Vertreter auf Erden haben wird, die unter der Oberleitung des unsichtbaren Herrschers Christus die Angelegenheiten der Nationen der Erde leiten werden, dass unter diesen treuen Repräsentanten und sichtbaren Regenten der Welt folgende sein werden: David (der einstige König Israels), Gideon, Barak, Simson, Jephta, Joseph (früherer Herrscher in Ägypten), Samuel (der Prophet) und andere treue Männer, deren Namen die Bibel in Hebräer 11 lobend hervorhebt. Die Sachlage ist nun die, dass die Wachtturm Bibel- und Traktat-Gesellschaft besagte Besitzung verwalten soll, bis einige oder alle dieser Männer (wie oben erwähnt) die die sichtbaren Vertreter des Königreiches Gottes auf Erden sein werden, davon Besitz ergreifen und derart gebrauchen, wie es ihnen zum Nutzen des Werkes, dass sie zu tun haben, am zweckmäßigsten erscheint.*

*Das Grundstück wurde erworben und das Gebäude darauf errichtet unter der Leitung des besagten Joseph F. Rutherford. Es wurde Jehova Gott und seinem König Christus, dem rechtmäßigen Herrscher der Erde, zu dem ausdrücklichen Zweck gewidmet, dass es nur von solchen benutzt werde, die Diener Jehovas sind. ... Ferner ist vorgesehen, dass es besagtem Joseph F. Rutherford zusteht, während er noch auf Erden lebt, kontraktlich oder*

72

*urkundlich zu bestimmen, dass irgendwelche anderen Personen, die mit der Wachtturm Bibel- und Traktat-Gesellschaft in Verbindung stehen, das Recht haben auf besagtem Grundstück zu wohnen, bis David oder andere der Männer, wie sie im 11. Kapitel des Hebräerbriefes erwähnt sind, dass Eigentum in Besitz nehmen werden. Eigentum, welches Jehova Gott geweiht ist, und das für immer seinem Königreich dienen soll. Jede Person, die Anspruch auf diese Anlagen erhebt, soll sich den Beamten besagter Gesellschaft gegenüber zuerst als eine der im Hebräerbrief erwähnte Person, wie in diesem Kontrakt beschrieben, ausweisen.*

*Als Zeuge unterzeichne ich, Robert J. Martin und besagter Joseph F. Rutherford, am 24. Dezember 1929."*

Zum Fall Beth Sarim vermittelt Günther Pape in seinem Buch: "Die Zeugen Jehovas. Ich klage an. Bilanz einer Tyrannei", auch einige interessante Aspekte. Danach habe Robert J. Martin, Direktor der Wachtower Society und Leiter der Wachtturmdruckerei in Brooklyn die technischen Angelegenheiten dieses Hausbaues besorgt. Zum Ambiente des Hauses gehörte auch, dass im Bad schwarzglänzende Fliesen mit weißer Verfügung Verwendung fanden. Jeder Fliesenleger, wird dem Laien plausibel erklären können, dass dies die luxuriöseste Variante der Wandfliesenauswahl darstellt, die im Angebot ist. Auch wenn sie nicht unbedingt dem heutigen Zeitgeschmack entspricht und in Bezug auf sich niederschlagende Wassertropfen auf der Fliesenglasur relativ pflegeintensiv ist. Aber ein "Fürst" macht sich zu letzterem keine großen Gedanken. Schließlich hat man für die Hauspflege entsprechendes Personal!

Unter Verweis auf die englischsprachige Studie von Edmond C. Gruss, wird als Hintergrund dieser Villenbauaktion noch ausgeführt: *"Macmillan, ein WTG-Direktor, berichtet, 'das Beth Sarim erbaut wurde, weil man entschlossen war, den trunksüchtigen und sich verschlechternden Rutherford aus Brooklyn herauszubekommen.' "*

Makaber auch die Passage: *"Da Rutherfords Ableben abzusehen war, gründeten Knorr, Franz und Rutherfords Sekretär Heath eine Friedhofs-Gesellschaft und versuchten im Talhang hinter der Villa Beth-Sarim eine Begräbnisstätte genehmigt zu bekommen. Sie begannen mit dem Bau einer Krypta, in der Rutherford bestattet werden sollte und zu der dann seine Anhänger pilgern sollten. Allerdings erhielten sie keine Genehmigung für den Friedhof und die Krypta, so dass*

*Rutherford erst fast vier Monate nach seinem Tod nach New York überführt und dort beerdigt wurde."*

Zu den Hypotheken, die der neue WTG-Präsident Knorr mit übernehmen musste, gehörte auch jene kalifornische Fürstenvilla „Beth Sarim" in dereinst, nach Rutherford, die wieder auferstehenden „alttestamentlichen Überwinder" eine Wohnstätte vorfinden sollten. Letztendlich wurde jenes Projekt im Nachgang der 1925-Verkündigung, mit Alibifunktion gestartet. Da die vorgesehenen "Fürsten" es permanent vorzogen, doch nicht wieder zu erscheinen, nutzte Rutherford das fürstliche Ambiente dann für sich. Wie nun, nach dem Tode von Rutherford mit dieser Immobilie verfahren? Es war offensichtlich, dass die Kritiker es nicht versäumen würden, ihren „Salzstreuer" auf diese Wunde zu richten. Noch im Jahre 1997 hatte Edmond C. Gruss (in Englisch) unter dem Titel: „Jehovah's Witnesses -- their Monuments to false Prophecy" eine umfängliche Schrift veröffentlicht, die dem Beth-Sarim Thema gewidmet ist.

Knorr meinte die Sache „elegant" über die Bühne bringen zu können in der Form einer beiläufigen Bemerkung. „Der Wachtturm" (1948 S. 127) zitiert:

*„Kongress, Los Angeles, Kalifornien, August 1947.*

*Bruder Knorr sprach darauf von den Farmen und Zufluchtsstätten, die im Ausdehnungswerk keinem guten Zwecke dienten und die demgemäß veräußert würden. Dies führte ihn folgerichtigerweise auch auf die Erwähnung des Besitztums der Gesellschaft in San Diego, Kalifornien, von Beth-Sarim, was 'Haus der Fürsten' bedeutet. Die Zuhörerschaft ... zollte Beifall, als sie unterrichtet wurde, dass der Direktionsausschuß der Gesellschaft einstimmig beschlossen habe, über Beth-Sarim zu verfügen, sei es nun durch direkten Verkauf oder durch vermieten, weil es seinem Zweck völlig gedient habe und jetzt nur noch als ein Denkmal diene, dass zu behalten ziemlich kostspielig sei. Unser Glaube an die Wiederkehr der Männer aus alter Zeit, die der König Christus Jesus auf der ganzen Erde (und nicht nur in Kalifornien), zu Fürsten einsetzen wird, stützt sich nicht auf das Haus Beth-Sarim, sondern auf Gottes Verheißungswerk."*

Im Jahre 1942, hatte derselbe Knorr allerdings noch anders getönt. In seiner Broschüre „Hoffnung für die Verstorbenen für die Überlebenden in einer gerechten Welt", die 1948 auch in deutscher Übersetzung erschien hatte er verkündet:

74

*„Die Bibel und die 'Zeichen der Zeiten' zeigen an, dass nun binnen kurzem - Sie mögen es miterleben - jene treuen und heiligen Männer der alten Zeit, welche die Bibel geschrieben haben, aus dem Grab zurückkehren werden - Männer wie Daniel und Jesaja, auch Abraham, Isaak und Jakob. (Überrascht Sie das? Es steht so in Matthäus 8:11 und Lukas 13: 28-30 zu lesen!) (S. 6)"*

Der nächste Coup zur Verdrängung der Erinnerung an die Fürstenvilla-Story, wurde anlässlich eines großen Kongresses der Zeugen Jehovas, 1950 in New York, gestartet.

Das man auf der Endzeitklaviatur spielte, verstand sich fast von selbst: *"Es wird darum nicht mehr lange dauern bis zur Schlacht von Harmagedon"* (»Wachtturm« 1951 S. 54). Oder wenn das 1951-er Jahrbuch verkündet (S. 13): *"Die Zeit ist nicht sehr fern, da Jehova Gott die Nationen plündern und vernichten wird."*

Ein besonderer Höhepunkt dieses Kongresses war auch eine Neuinterpretation der Fürstenlehre. Dem damaligen WTG-Vizepräsidenten F. W. Franz war es vorbehalten, sie als große "neue Wahrheit" zu verkaufen. Der Bericht in dem WTG-Buch "Jehovas Zeugen in Gottes Vorhaben" (S. 252) vermerkt dazu:

*"Seit vielen Jahren hatte der Wachturm die Auffassung vertreten, dass die treuen Männer der alten Zeit, die Gott vor der Zeit Jesu treu gedient hatten, noch vor Harmagedon vom Tode auferweckt würden ... Viele Zeugen Jehovas erwarteten zufolge des Verständnisses dieses Textes, das so lange vorherrschte, bei jedem Kongreß, Abraham, Isaak, Jakob, David und die anderen, die aus den Toten zurückkehren sollten, willkommen heißen zu können. Ihr könnt euch deshalb vorstellen, welch elektrisierende Wirkung folgende Worte des Redners auf die Zuhörerschaft hatten: 'Würde sich dieser internationale Kongreß freuen, zu erfahren, dass sich heute abend hier, in unserer Mitte eine Anzahl der voraussichtlichen Fürsten der neuen Erde befinden?' ...*

*Ein gewaltiger, anhaltender Applaus gaben dem Redner die Gewißheit, dass die Zuhörer im Augenblick nichts anderes mehr interessierte als dieses. Eine atemlose, tiefe Stille herrschte im Yankee-Stadion. Alles lausche gespannt, um sich kein Wort dessen entgehen zu lassen, was Bruder Franz .... sagte."*

*"Und der Berg kreiste und gebar ein Mäuslein."* An diesen Spruch fühlt man sich erinnert, wenn man nun das darauf folgende zur Kenntnis nimmt.

*Franz führte aus: "dass nichts in der Bibel dagegen spreche, dass Christus, je nach den Bedürfnissen, viele dieser 'anderen Schafe' zu 'Fürsten auf der ganzen Erde' einsetze, wurde seine denkwürdige Rede wiederum durch donnernden Beifall unterbrochen."*

Nun war es heraus: Die eigene Funktionärsschicht bildet die vermeintliche Fürstenklasse. Folgerichtig nahm man dann etliche Jahre später auch noch eine andere analoge Korrektur der Wortwahl vor. Redete man bis dahin von den eigenen Funktionären als "Dienern", so wurde aus ihnen nunmehr "Aufseher", was ja dem Fürstenimpetus etwas näher kommt. Diener zu sein, ist nunmehr für die WTG-Fürsten verpönt!

Diese wichtige neue Wahrheit, musste natürlich postwendend der gesamten Anhängerschaft beigebracht werden. Und so findet man denn schon in der ersten Ausgabe der (deutschen) Ausgabe des "Wachtturms" vom Jahre 1951 einen entsprechenden Artikel.

Die Endzeit-Naherwartung wurde trotz allem weiter aufrechterhalten.

So wurde beispielsweise mit dem 1943 (in Englisch - Deutsch 1946) erschienenen Buch "Die Wahrheit wird euch freimachen", Kapitel 11, eine Zeitrechnung publiziert derzufolge "6000 Jahre Menschheitsgeschichte" im Jahre 1972 enden würden. 1942 hatte N. H. Knorr die Präsidentschaft der WTG übernommen. Sein Vorgänger J. F. Rutherford hatte gepredigt, dass Werk ginge im 2. Weltkrieg zu Ende (Buch "Dein Name werde geheiligt", S. 329). N. H. Knorr aber "verscheuchte" diesen Glauben und räumte sich mit einer neuen Zeitrechnung weitere 30 Jahre (bis 1972) ein. Im Namen Jehovas natürlich.

Ende 1966; Anfang 1967 wurde dann die Anhängerschaft durch das neue Datum 1975 nahezu elektrisiert. Am Beispiel des damaligen deutschen obersten WTG-Funktionär Konrad Franke, lässt sich das besonders verdeutlichen.

Der WTG-Funktionär Fred W. Franz (zum fraglichen Zeitpunkt Vizepräsident der WTG) gab bezüglich der von ihm in die Welt gesetzten 1975-These auch die Marschorder aus: *"Und möge auch niemand von euch irgendwie bestimmt äußern und etwas sagen, was zwischen der Gegenwart und dem Jahre 1975 vor sich gehen soll!"*
Demgegenüber ist es bemerkenswert, Franke meinte dazu sagen zu sollen. Vor Funktionären der Zeugen Jehovas hielt er am 20. Januar 1968 in Hamburg einen Vortrag. Sein Charakteristikum war insbesondere, dass von Franke darin auch das 1975-Thema mit angesprochen wurde.
Nach einer mehr allgemein gehaltenen Einleitung kommt Franke zum eigentlichen Kern, etwa wenn er erklärt:
"Natürlich wollen wir uns überlegen, wo wir stehen. Wir gehen dem Ende dieses Systems entgegen, liebe Brüder. Wir haben viel in den vergangenen Jahren, und wenn wir lange in der Wahrheit sind, Jahrzehnten, darüber gesprochen. Wir haben darüber gesprochen, dass dieses böse System zu Ende gehen wird, dass 6000 Jahre menschlicher Geschichte vorgesehen sind, und das dann das siebente Jahrtausend Christus als dem Regenten und Richter vorbehalten bleibt, demjenigen, der sich selbst auf der Erde den Herrn des Sabbats nannte, der also diesen Sabbat, diesen Ruhetag, selbst beaufsichtigen wird, als König vom Himmel her, als der Wichtigste des Königreiches. Er war es also, der diese Dinge klar und unmissverständlich uns vor Augen geführt hat, und nun sehen wir, in diese Lage gekommen, dass wir sehen, wie sich das alles beginnt, sich zu verwirklichen. Wir haben also gewusst, 6000 Jahre, und das siebente bleibt ihm vorbehalten.
Im Laufe der Zeit hat uns Jehova immer mehr verstehen lassen über diese Zeitabschnitte, und vor zwei Jahren schon wurde das erstemal unsere Aufmerksamkeit auf das Jahr 1975 gelenkt. Mancher war zweifelnd und sagte: Da muss man vorsichtig sein, ihr habt euch schon einmal blamiert, und wenn ich an 1925 denke, wer weiß, was da wieder rauskommt, ich werde mich einmal zurückhalten. Ja, die Gesellschaft oder der treue und verständige Sklave, der ja dazu da ist, uns die Speise zur rechten Zeit zu geben, so sagen wir es doch wohl, ja, der war jetzt und hat uns davon befreit. Es kam nicht von uns, oder ist jemand von euch auf diesen Gedanken gekommen? Es kam doch von dieser Stelle! Auf einmal beginnen einige doch zu zweifeln!

Als ich einmal mit einigen jungen Brüdern darüber sprach, da sagte der eine zu mir: Ach, weißt du, Bruder Franke, ich weiß nicht, ob man das so deutlich sagen kann. Denn stell dir mal vor, die alte Schwester sowieso, die geht jetzt von Haus zu Haus, und die wird das nie so ausdrücken, wie du das sagst, und die wird nun sagen 75, 75, 75 und 75! Und was das unter Umständen für die Organisation für eine Schmach bringen könnte!

Du glaubst, du würdest das viel intelligenter machen? Du sagst: ich warte mal, die haben sich schon einmal blamiert. Da habe ich ihm gesagt. Weißt du, wenn es ums Blamieren geht, dann blamiere ich mich mit der Organisation! Ich will nicht allein, abseits, stehen!

Aber wie wohl wir in den letzten Monaten, besonders auch auf den Bezirksversammlungen, sehr viel darauf hingewiesen haben, gibt es noch eine ganze Reihe unter uns, die diesbezüglich noch Vorbehalte haben! Und bei aller Objektivität hier, so gut wie ich das meine, ich habe einen schweren Verdacht. Warum lacht ihr denn? Ich habe ja noch gar nicht ausgesprochen! Ich glaube, ihr habt Gründe zu derselben Annahme wie ich, dass auch hier in unserer Mitte welche sind, die noch Vorbehalte haben. Aber Brüder, tun wir recht, wenn wir so zweifelnd an unsere Aufgaben herangehen? Können wir dann überhaupt noch mit Recht die Publikationen verbreiten?

Wir wollen jetzt nicht alle diese Dinge aufzählen, die in den Wachttürmen kamen. ... Nun wollen wir einmal auch das Neue betrachten. Ihr habt ja das Buch jetzt bekommen 'Ewiges Leben in der Freiheit der Söhne Gottes'. Wir haben uns sehr angestrengt, dass ihr es sehr schnell bekommt. Aber nicht, dass ihr es nun in eurem Bücherschrank nur unterbringen sollt. Sondern weil wir interessiert daran sind, dass ihr diese Informationen bekommt, liebe Brüder. Und da wird ganz präzise gesagt, wie es übrigens die Publikationen auch früher schon getan haben.

Doch werden bestimmt welche sagen: Na, na, na, die Gesellschaft ist sich selbst nicht ganz sicher. Sie hat doch auch gesagt 'es könnte sein!' Und das ist eigentlich eine Verfälschung des Sachverhalts! Denn wenn wir von dem Jahre 1975 sprechen und damit zum Ausdruck bringen, dass in diesem Jahr 6000 Jahre menschlicher Geschichte zu Ende sind, dann möchte ich euch zeigen, dass diesbezüglich die Gesellschaft nicht den geringsten Zweifel hat!

Und wer dieses in den Vordergrund rücken möchte, der sei eingeladen, den Beweis aus der Literatur der Gesellschaft zu erbringen, dass die Gesellschaft gesagt hätte, 'es könnte sein', dass 1975 sechstausend Jahre zu Ende sind! Das hat sie nie gesagt! Das steht außer Zweifel fest! Dazu steht die Organisation! Auch die Geschichte soll die Antwort geben! Aber ich möchte in diesem Zusammenhang einmal dieses hier zitieren, und nur dann, Brüder, könnt ihr es ja mit: ehrlichem Herzen verbreiten, wenn ihr dafür den Beweis antretet, ja. Auf der Seite 28 wird unter anderem auf den amerikanischen Prälaten James Ussher hingewiesen, der ausgerechnet hat, dass 1996 sechstausend Jahre zu Ende seien, also mit dem Jahre 1997 dieses Jahrtausend beginnen würde. Wörtlich heißt es hier nun weiter auf Seite 29: 'Seit der Zeit Usshers ist ein intensives Studium der biblischen Chronologie betrieben worden. In diesem 20. Jahrhundert wurde ein unabhängiges Studium durchgeführt, das nicht blindlings den traditionellen chronologischen Berechnungen der Christenheit folgte.' Und zufolge dieser Zeittafel, die von diesem unabhängigen Studium herrührt, gibt das Datum der Erschaffung des Menschen mit 4026 vor unserer Zeitrechnung an.

Und hier finden wir einen Stern, und da heißt es in der Fußnote: Siehe Tabelle hervorragender Geschichtsdaten auf Seite 290 in dem Kapitel mit dem Thema 'Ereignisse in dem Strom der Zeit' in dem Buch 'Die ganze Schrift ist von Gott inspiriert und nützlich'. Da haben wir schon diese Zeittafel und wir finden eine Unmenge Beweise in der letzten Zeit in den Publikationen der Gesellschaft!

Wie kommt es denn eigentlich, dass wir diesbezüglich Zweifel hegen? Trauen wir dem Sklaven nicht mehr? Oder was ist es, wenn wir plötzlich andere Überlegungen anstellen? Vielleicht sind wir gar nicht so sehr mit dem Königreich verbunden? Vielleicht beten wir gar nicht so inbrünstig, dass es kommen möge? Vielleicht möchten wir noch ein bisschen länger Zeit mit dieser alten Welt haben? Und würden uns freuen, und würden jeden Gedanken, den die Organisation hier äußert, studieren, und würden uns selber fragen, wie wir uns jetzt am besten in diese ganzen Dinge einordnen.

Es heißt dann weiter und jetzt hört gut zu! "Gemäß dieser zuverlässigen Bibelchronologie werden 6000 Jahre von der Erschaffung des Menschen an mit dem Jahr 1975 enden!

Und die siebente Periode von tausend Jahren Menschheitsgeschichte beginnt im Herbst des Jahres 1975 unserer Zeitrechnung! Es ist hier kein Wort davon gesagt, 'es könnte sein!' ... Nun fangen manche an zu knobeln und sagen, Moment mal, ich habe da auch noch ein Haar in der Suppe gefunden. Könnte das nicht 1976 sein? ... Nun, und wenn es 1976 wäre? Dann wird die Welt doch auch untergehen, nicht wahr? ... Wohl dem, der bereits in den Reihen dieser Kämpfer steht. Sonst würden wir's nicht schaffen. Sonst wird Harmagedon kommen und wird uns überrumpeln, denn wenn nach der Zeitrechnung 1975 im Frühjahr die 1000 Jahre beginnen, dann dürfen wir doch wohl annehmen auf Grund unserer Belehrung und Unterweisung, dass Harmagedon dann nicht nach dem stattfindet und in den Sabbat hineinwirkt, in den Tag, das gibt es nicht. Das wissen wir doch wohl. Also muss diese Sache vorher geschehen sein. Und dann überlegt euch, wieviel Zeit wir noch haben ..."

Als dann das Jahr 1975 tatsächlich da war, wurde wieder mit geschickten psychologischen Tricks gearbeitet. Die "Christliche Verantwortung" (Nr. 77) kommentierte dazu:

"Kaum sind die Bezirkskongresse des Jahres 1975 in Westeuropa zu Ende, wird der WTG-Vizepräsident mit einem Begleiter auf eine dringliche Westeuropareise geschickt. Schwerpunkte waren Westdeutschland und England. Für die Versammlungen wurden Kongresse u. a. in Gelsenkirchen, BRD, Westberlin und London, England veranstaltet. ... Am 29. August 1975 sprach Franz in der Westberliner Deutschlandhalle. ... Man kann sagen, dass vielleicht bis auf wenige Unabkömmliche und Kranke alle rund 5500 Verkündiger Westberlins versammelt wurden, um F. W. Franz zu hören. ...

Klatschen begrüßte dann den Redner, der dann englisch sprach, obwohl er deutsch kann. R. Kelsey hat teilweise Schwierigkeiten mit der Übersetzung gehabt. Manches hat er frei übersetzt, manche Worte sogar falsch. Grüße der Bethelfamilie und von WTG-Präsident N. H. Knorr bewirkten das nächste Klatschen, der Hinweis, wieder in Berlin sein zu können, weiteres Klatschen. Eine weitere Bemerkung über diese Möglichkeit in Westberlin nochmaliges Klatschen, und die geschickte Bemerkung, dass er nicht widerstehen konnte zu kommen neues Klatschen und Lachen.

Jedesmal, wenn F. W. Franz die Zuhörer als Berliner ansprach, brandete es auf. Man kennt dies u. a. von Besuchen westlicher Politiker in Westberlin aus der 'Frontstadt'-Zeit Westberlins im kalten Krieg. ...F. W. Franz spielte sehr geschickt auf diesem Klavier. ...

Politischer Höhepunkt der Rede von F. W. Franz.... *David habe viele Feinde gehabt, so auch Jehovas Zeugen heute.* Nun, David war als König Israels ein politischer und militärischer Herrscher, der viele Eroberungskriege geführt hat, als Führer einer politischen Nation, eines Staates. Auch hat er persönlich viele scheußliche Taten verübt. Nur um die Gunst seines Todfeindes Saul zu erhalten, erschlug er willkürlich 200 Bewohner eines anderen Stammes, um ihre Vorhäute abzuschneiden und Saul zu präsentieren. 1. Sam. 18:20-30. Da muss man schon eine Menge Feinde haben. So auch Jehovas Zeugen?

Nein, niemals so, wollen sie nicht Christen unter dem Neuen Bunde sein? Doch das übergeht F. W. Franz einfach alles. Er berichtet, wie er jüngst in Portugal war (am 21./22. Dez. 1974). nachdem Jehovas Zeugen dort wieder legal tätig sein können. Der portugiesische Zweigaufseher der WTG habe ihm gesagt, auf einem Zaun, einer Wand in Portugal sei die Losung aufgetaucht 'Tod den Zeugen Jehovas'. Das stamme von den Kommunisten. ...Hinzu komme die Äußerung von portugiesischen Kommunisten, so der Zweigaufseher, wenn sie an die Macht kämen, würden sie der WTG 'das Geschäft legen'. Dies ist allerdings denkbar.... Und so verfällt F. W. Franz in die Zeit des kalten Krieges. Man wird förmlich an den früheren deutschen Zweigdiener Erich Frost 1949 in der Westberliner Waldbühne ... erinnert. Nachzulesen im WT vom 1. April 1950, Nr. 7 dt. Magdeburg. Und F. W. Franz zitiert Hitler, der Jehovas Zeugen in Deutschland ausrotten wollte. Er sei in der Grube. Jehovas Volk aber sei heute hier in Berlin! Frenetisches Klatschen brandete auf. Der antikommunistische Pfeil saß!

Wer die Schulungsmaterialien der Organisation kennt, weiß, wie bei einem Vortrag auch der geringste Effekt geplant und berechnet wird. ...

F W. Franz kommt dann langsam seinem Ziel näher, allen beizubringen, dass das Werk sozusagen lebenslänglich weitergeht. Er lanciert wieder einer psychologischen Kunstgriff. Den Übersetzer R. Kelsey und sich selbst aufrufend, namentlich, fragt er die Menge, *ob Jehova jedem die Lebenszeit, die Lebenszeit, mit dem gesättigt habe, was gut ist!* Und er ruft in deutscher Sprache in den Saal: *'Was ist die Antwort? Ja oder Nein!'* Klatschen brandet auf, vermischt mit lauten Rufen aus der Menge: Ja! Ja! Ja! ...

Dann kehrt er zu David und Psalm 103 zurück. Als er sagt, sicher fühle man sich manchmal müde und erschöpft, lachen einige aus der Menge auf. Er weiß, dass nicht nur einige müde sind, immer Dinge zu verkündigen, die nicht eintreffen. Wie 1975.

Er stellt das Bild eines Adlers vor Augen, der in gewisser Zeiten seine Federn verliere. Dann aber würden neue nachwachsen, Kraft komme wieder wie beim jungen Adler. Er könne wieder seine Flügel schlagen und ganz hoch fliegen! So auch Jehovas Zeugen. Wenn jetzt eine 'gewisse Zeit' sei, in der man sich in geistiger Hinsicht sehr schwach fühle, dann zeige Gott jetzt durch seine Organisation den Aufschwung! Da werde im Dienste Jehovas mit neuer Kraft fortgefahren. Die Kraft der Zeugen werde erneuert.

Dann schiebt F. W. Franz eine Warnung dazwischen. *Keiner gehöre sich selbst. Den Verpflichtungen daraus nicht nachzukommen, bedeute Betrug und Untreue gegen Gott.* Dabei geht es gar nicht um Gott, sondern um Untreue gegenüber der WTG mit ihrem erneuten Endzeitbankrott. Und so fragt er, ob nicht alle erfahren hätten, wie barmherzig und geduldig und langsam zum Zorn (viele dachten dabei an die weitere Endzeitverschiebung) und wie überströmend an liebender Güte Gott sei. Natürlich klatschen alle. Aber F. W. Franz genügt das nicht. Er wiederholt sich wörtlich. Wieder klatschen alle.

Dann beugt er sie in den Staub. *Kritikwürdig seien alle Zeugen, wieviele Fehler an ihnen. Auf unabsehbare Zeit müsste Gott eigentlich mit ihnen grollen, ihnen zürnen und dräuen, ja ausrotten müsste er eigentlich alle. So nichtsnutzig seien alle. Aber Gott sei natürlich nicht so mit den Zeugen verfahren. Sonst würden sie jetzt nicht in der 'irdischen Organisation' Gottes, unter der WTG sein.* Welche Gnade Gottes also, der WTG zu folgen.

Nach langen Ausführungen über die Erhabenheit Gottes, der mit der WTG sei, und über die Nichtigkeit der Zeugen wird wieder recht auffällig die 'unabsehbare Zeit' der Güte Jehovas in den Blick gerückt. Das habe sich schon zur Zeit David auf eine Generation noch der anderen bezogen.

Es sei übergegangen 'auf die nächste Generation und auf die nächste Generation' und so weiter.

Wer diese 'Güte Jehovas' erfahren möchte, müsse natürlich seine Bestimmungen kennen und sie ausführen. Bestimmungen, Befehle, Bestimmungen und wieder Befehle, die zu befolgen seien, werden betont. Und dann sagte F. W. Franz wörtlich: *'Er hat das Recht zu befehlen, dass wir dieses oder jenes tun'*. Es sei solange zu predigen, wie allen das "Vorrecht" dazu eingeräumt werde! Und wieder wörtlich: *'Aus diesem Grunde fahren wir fort, die gute Botschaft vom Königreich Woche für Woche, Monat für Monat, Jahr für Jahr zu verkündigen!'* Nach diesen recht deutlichen Worten folgen lange Ausführungen, dass die WTG die allein wahre Religion besitze. Das ist wieder ein vertrautes Thema, womit sich alle identifizieren. Eine eigentlich überflüssige Frage wird gestellt, ob alle die göttliche Souveränität Jehovas anerkennen. Da klatschen alle wieder.

Noch immer hält F. W. Franz die entscheidenden Äußerungen über 1975 zurück. Erst sollen alle noch einmal emotionalisiert klatschen. Er spricht sie wieder als Berliner an. Jehova würde sagen, *'wenn wir das in den kommenden Tagen hier und in der Umgebung von Berlin tun'*. Getroffen, alle klatschen begeistert als Berliner.

Dann geht er auf den heißen Termin ein. Am 1. September beginne das neue Dienstjahr. Aber da sei, was am kommenden Freitag, den 5. September geschehen wird. *An diesem Tage würden bei Sonnenuntergang die 6000 Jahre ablaufen.* Was da passiert? Man kommt aus dem Staunen nicht heraus: *An diesem Freitag zum Sonnenuntergang, 'so ungefähr am Ende von 6000 Jahren Menschheitsgeschichte' werde F. W. Franz mit seinem Begleiter wieder 'im Flughafen von New York landen'.* Ein Klatschen der Menge braust auf. Haben sie in dem Moment begriffen, was sie tun? F. W. Franz stößt nach, das heiße natürlich nicht, dass er dann 6000 Jahre alt sei. Wieder brandet Klatschen der Menge auf. Mit was für lächerlichen Mätzchen speist er die Menge ab! Am Ende der 6000 Jahre, wann das 'Ende dieser Welt' sein sollte! Und sie klatschen Beifall! Haben sie vergessen, was sie der Welt für 1975 verkündigt haben?

Dann ergeht er sich in Warnungen und Verteufelungen.

Zwar habe man nun kein Jahr mehr, noch dem man sich ausrichten könne, kein Datum, keinen Termin, kein Datum, auf das man hinarbeiten könne.

Doch solle ja niemand denken, nun könne man ja eine Universität oder Hochschule, oder einen Kursus für viele Jahre besuchen. Das seien 'selbstsüchtige Begierden'. Das sei Selbsttrug. Die Zeit sei 'verkürzt', 'sehr bald' käme die Vernichtung.

Was für ein Doppelspiel! Vorher sagte er, Generation um Generation, Jahr für Jahr werde es weitergehen! Er verspricht jedem, was er hören will! Irgendetwas stimmt da natürlich immer. Diese Warnungen gipfeln in der Drohung, sich vor allem von denen fernzuhalten, die Jehova Gott 'in nächster Zeit, verfluchen' würden. Wieder wird alles bewusst verdreht. Nicht Gott, sondern die WTG ist der Gegenstand der Anklage wegen weltweiter Irreführung mit 1975! ...

Er bricht das ab und wechselt das Thema. Er kündigt seine Besuche in Gelsenkirchen und London an und fragt die Menge, ob er Grüße an die Brüder dort mitnehmen kann. Nun klatschen alle wieder. Und wenn er am Ende der 6000 Jahre in New York landet und auch der Bethelfamilie in Brooklyn Grüße übermittelt? Wieder klatschen alle. Mit der Feststellung, dass alle die Brüder überall lieben, um weiter in der Tätigkeit fortzufahren, endet er. Und alle klatschen.

Nach dem Lied Nr. 44, "Jehova ist unsere Zuflucht", gut gewählt, um die Ablenkung zu festigen, übernimmt der WTG-RIAS-Sprecher Helmut Krüger das Schlussgebet. Wenn, Christus sagte, niemand kommt zum Vater als durch mich, nicht so Helmut Krüger mit dem WTG-Vizepräsidenten. Jemand hat mitgezählt. Genau zehnmal geht er kühn zum Vater, ohne an Christus überhaupt nur zu denken. Und alle folgen ihm. Was für ein Christentum.

Inbrünstige Worte des Dankes und Glückes für die 'tiefen Wahrheiten', die man nun durch F. W. Franz besser verstehe. Beteuerungen, dass alle mit dem übereinstimmen würden, was sie durch F. W. Franz gehört haben. Alle würden weitermachen, heute, morgen und übermorgen. Bis in die Zeitalter der Zeitalter. Viele übliche Gebetsformulierungen. Man merkt, er sagt das alles oft. Ganz am Ende nach vielen Minuten, nachdem er mit dem Vater fertig ist, hängt er eine übliche Bemerkung über Christus als 'großer König und Erretter' an. Alle sagen Amen. 5829 Anwesende. Fast alle Zeugen Jehovas in Westberlin."

Anfang 1976 wurde dann wieder die altbewährte Zeitgewinnen-Masche gefahren.

Schon in der ersten „Wachturm"-Ausgabe des Jahres 1976 wurde dazu verlautbart:

*"Der (Bibel) Bericht lässt erkennen, dass zwischen der Erschaffung Adams und der Erschaffung Evas, seiner Frau, Zeit verstrich. Während dieser Zeit ließ Gott Adam den Tieren Namen geben. Ob dabei Wochen, Monate oder Jahre vergingen, wissen wir nicht. Daher wissen wir auch nicht genau, wann Jehovas großer 'Ruhetag' begonnen hat und wann er enden wird. Dasselbe gilt für den Beginn der Tausendjahrherrschaft Christi. Die Bibel gibt uns keinen Anhaltspunkt für die Berechnung der Zeit, und wir sollten daher keine Vermutungen darüber anstellen."*

Schuld ist wer's geglaubt hat, so der sinngemäße Kommentar aus dem "Wachtturm" vom 15. 6. 1980. Also erst nach fünf Jahren bequemte man sich diese Fehlspekulation einzuräumen. Dazu führte man aus:

*"Als das Buch 'Ewiges Leben - in der Freiheit der Söhne Gottes' erschien und man darin lesen konnte, es sei sehr passend, wenn die Tausendjahrherrschaft Christi mit dem siebenten Millenium der Existenz des Menschen parallel liefe, wurden erhebliche Erwartungen bezüglich des Jahres 1975 geweckt. Es wurde damals und auch später erklärt, dies sei lediglich eine Möglichkeit. Unglücklicherweise wurden jedoch zusammen mit diesen vorsichtigen Äußerungen auch andere Erklärungen veröffentlicht, die durchblicken ließen, dass die Erfüllung solcher Hoffnungen in jenem Jahr eher wahrscheinlich als nur möglich sei. Es ist zu bedauern, dass diese späteren Erklärungen offensichtlich die vorsichtigeren überschatteten und dazu beitrugen, dass die bereits geweckten Erwartungen noch gesteigert wurden. In der Ausgabe vom 15. Oktober 1976 schrieb 'Der Wachtturm', es sei nicht ratsam, sein Augenmerk auf ein bestimmtes Datum zu richten. In diesem Zusammenhang hieß es: 'Falls jemand enttäuscht worden ist, weil er nicht diese Einstellung hatte, sollte er sich jetzt bemühen, seine Ansicht zu ändern, und sollte erkennen dass nicht das Wort Gottes ihn betrogen und enttäuscht hat, sondern, dass sein eigenes Verständnis auf falschen Voraussetzungen beruhte.'"*

Lange Jahre nach 1925, hat es diese Organisation vermieden, wieder konkrete Endzeitdaten zu nennen. Sofern dieses Thema angeschnitten wurde, dann jedoch mehr in allgemein gehaltenen "Wischi-waschi"-Formulierungen.

Völlig unabhängig davon, wurde jede größere weltpolitische Krise nicht selten in dem Sinne gedeutet "jetzt ist es soweit!". Das tat Russell, ebenso auch Rutherford. Und auch deren Nachfolger sind nicht davor gefeit. Aller Wahrscheinlichkeit wird es auch weiterhin bedrohliche weltpolitische Krisen geben. Und damit auch den Nährboden für die Endzeitlehren der Zeugen Jehovas. Sei es mit oder ohne Datenspekulationen. Frühere Daten werden gelegentlich umgedeutet, indem ihnen heute ein Sinn untergeschoben wird, der ursprünglich so nicht gegeben. Andere Daten lässt man stillschweigend in der Versenkung verschwinden. Und wer wei's es? Vielleicht kommen irgendwann neue Daten hinzu.

Im Prinzip hätte man sagen können. Schon das Urchristentum hätte spätestens im zweiten Jahrhundert endgültig von der Bildfläche verschwinden müssen. Dieweil schon damals Endzeit-Naherwartungen akut waren. Der Fall ist nicht eingetreten. Nicht zuletzt weil die Weltverhältnisse für viele trostbedürftig waren. Die Umdeutung der Ursprungslehren - schon damals - tat ein übriges dazu. Es wäre müßig sich mit der Forderung aufzuhalten, die Zeugen Jehovas hätten endgültig aus der Religionsgeschichte zu verschwinden. Dies könnte man nur dann fordern, könnte man sagen, die Weltverhältnisse geben keinen Grund zur Klage. Genau dies aber kann man nicht tun.

Was man hingegen sehr wohl fordern kann ist, dass auch die Zeugen Jehovas sich dem in der Legende Martin Luther zugeschriebenen Spruch stellen:

*"Und wenn morgen der Jüngste Tag anbricht - so will ich dennoch heute noch mein Apfelbäumchen pflanzen!"* Sie sind noch sehr, sehr weit von der praktischen Realisierung dieser Erkenntnis entfernt.

Ihre Kinderstube in den USA hat im übrigen wesentlich dazu beigetragen, dass bei ihnen ein hartes, ja geradezu ausbeuterisches Management vorherrscht. Auch dieser Punkt wird immer wieder aufs neue, zur Kritik herausfordern!

Zur Beachtung empfohlen:
ISBN: 3-89811-217-9

# Manfred Gebhard

# Geschichte der Zeugen Jehovas